कच्ची धूप

कच्ची धूप

जीवन की गहरी अनुभूतियों की मार्मिक अभिव्यक्ति

विजय तेंडुलकर

अनुवाद

मुरलीधर जगताप

वाणी प्रकाशन

वाणी प्रकाशन
4695, 21-ए, दरियागंज, नयी दिल्ली 110 002

शाखा

अशोक राजपथ, पटना 800 004

फ़ोन: +91 11 23273167 फ़ैक्स: +91 11 23275710

www.vaniprakashan.in
vaniprakashan@gmail.com
sales@vaniprakashan.in

KACHCHI DHOOP
by Vijay Tendulkar
Translated by Murlidhar Jagtap

ISBN : 978-93-87409-25-5
Essays

प्रथम (वाणी) संस्करण

मूल्य : ₹ 250

सिटी प्रेस, दिल्ली-110 095 में मुद्रित

वाणी प्रकाशन का लोगो मक़बूल फ़िदा हुसेन की कूची से

भूमिका

जब मुझे केवल मनमौजी ललित लेखन की ही आदत थी, तब इस तरह के नियमित हालाँकि दैनन्दिन पत्रकारिता के लेखन में मुझे खींच लाने का साहस 1966 में 'महाराष्ट्र टाइम्स' के उस समय के सम्पादक श्री द्वा.भ. कर्णिक जी ने दिखाया। स्वयं मैंने भी मन-ही-मन उस समय उन्हें पागल ठहराया था; तो अन्य ज्ञानी हितैषियों ने अगर ठहराया हो तो उसमें कोई आश्चर्य नहीं था।

किन्तु देखते-देखते यह स्तम्भ लोकप्रिय बन गया, मैं भी उसमें पूरी तरह तल्लीन हो गया। शुरू-शुरू में विषय ढूँढ़ने के कष्ट महसूस होते थे; आगे चलकर यही समस्या हुआ करती थी कि कौन से विषयों को पीछे रखा जाय। विषय निश्चित करने में जैसे मैं आदी हो गया, वैसे इस स्तम्भ के असंख्य पाठकों ने भी समय-समय पर पत्रों द्वारा, टेलीफोन द्वारा, प्रत्यक्ष रूप में सन्देश भेज कर सम्भाव्य विषयों के प्रति मेरा ध्यान आकृष्ट करने का काम अन्तःप्रेरणा से किया। पाठकों ने ही बड़े पैमाने पर उत्साह के साथ दाद देकर, प्रतिक्रियाओं को अभिव्यक्त कर मुझे प्रोत्साहित किया। इस लेखन में उनका श्रेय काफी है।

इन दैनन्दिन लेखों से चुने हुए लेखों का यह संकलन अब पहली बार हिन्दी में प्रकाशित हो रहा है। देखेंगे कि हिन्दी पाठक इसका स्वागत कैसे करते हैं।

मई, 1991
मुम्बई

–विजय तेंडुलकर

अनुक्रम

एक दंगा भूख का

ऐसे दृश्य बड़े सुलभ होते हैं। पिछले हफ़्ते की ही बात है। बम्बई के एक विशाल दफ़्तर की कैंटीन अचानक बन्द हो गयी। वैसे तो पिछले कई दिनों से उस कैंटीन की हालत खस्ता थी, लेकिन उस दिन उस कैंटीन पर निगरानी करने वाले, दफ़्तर के वरिष्ठ अधिकारियों ने कुछ तात्कालिक उपाय किये और परिणामस्वरूप कैंटीन के असन्तुष्ट कर्मचारी काम छोड़ कर एक साथ चले गये। वरिष्ठ अधिकारियों ने इस मौक़े से फ़ायदा उठाकर उस कैंटीन को तुरन्त बन्द करने का निर्णय ले लिया। इस निर्णय से एक समस्या सामने आयी कि कैंटीन में बचे हुए खाद्य पदार्थों और पेयों का क्या किया जाये; लेकिन अनोखी सूझ-बूझ वाले एक अधिकारी ने प्रस्ताव रखा कि अब नियमानुसार यह माल बेचने के लिए कैंटीन में कोई नौकर ही नहीं है और अगर यह माल वैसा ही पड़ा रहा तो बासी हो जायेगा और फिर सड़ जायेगा। इसलिए उसे इस तरह बरबाद करने के बजाय दफ़्तर के कर्मचारियों को निःशुल्क बाँट दिया जाये। यह सुझाव सर्वसम्मति से स्वीकार कर लिया गया और उसकी ख़बर किसी उत्साही संवाददाता द्वारा उस विशाल दफ़्तर की चौहद्दी में फैलते ही तुरन्त एक अजीब दृश्य दिखाई दिया। सभी कर्मचारी कैंटीन की ओर भागने लगे। इस भगदड़ में न सिर्फ़ चपरासी और कनिष्ठ अधिकारी ही थे, बल्कि कुछ वरिष्ठ अधिकारी भी शामिल थे। पुरुषों के साथ-साथ महिलाएँ भी थीं। हर कोई थैली, प्लास्टिक का हैंडबैग, समाचार-पत्र—जो भी हाथ लगा, उसे लेकर दौड़ने लगा था। एक-दूसरे को ठेलते-ढकेलते, हटाते हुए अपनी तोंदें, पैंटें और साड़ियाँ सँवारते हुए सभी 'चलो कैंटीन' के अभियान पर निकल पड़े थे।

देखते-देखते, उस 'अ-नाथ' कैंटीन में बड़ा हुल्लड़ मच गया। ठेलपेल होने लगी। हर कोई इसी कोशिश में था कि जो भी जुट जाये, माल में से ज़्यादह-से-ज़्यादह खींचकर, उठाकर, घसीटकर अपनी थैली में भर लिया जाये। चपरासियों और अधिकारियों में लूटने की होड़ लगी थी। पुरुष लिपिक और महिला लिपिक समानता के अधिकार से मर्तवान खाली कर रहे थे, पतीलियाँ ढूँढ़

रहे थे, परातें साफ़ कर रहे थे। किसी ने लड्डू दबा लिए थे तो कोई कीमे पर झपट पड़ा था। एक अधिकारी सिर्फ़ 'ब्रिटानिया ब्रेड' दोनों गाल फुलाकर तेज़ी से चबा रहा था। वह उसे निगल नहीं पा रहा था, फिर भी कड़ी कोशिश जारी थी, क्योंकि और कुछ चीज़ें भी उसकी प्रतीक्षा कर रही थीं और उस समय हर क्षण अनमोल था। ज़्यादह सूझ-बूझ वाले लोग आजकल महँगी बिकने वाली चीनी और चावल के लिए बड़ी बारीकी से कैंटीन की सम्पत्ति की खानातलाशी ले रहे थे। किसी ने चार कप चाय पेट में उँडेली तो किसी ने दूध ही ढकोसा। जैसे लड़ाई में जीते हुए नगर पर तुरन्त ही बेकारों की भीड़ टिड्डियों की तरह हमला करती है, यह दृश्य वैसा ही रोमांचकारी था। हर एक की जेबें फूली हुई थीं, थैलियाँ भारी हो गयी थीं, किसी-किसी के हाथ-मुँह पर बच्चों की तरह खाद्य-पदार्थों की जूठन चिपकी हुई थी। ज़मीन पर गिरे और बिखरे हुए खाद्य-पदार्थ चारों ओर फैले पड़े थे। हर तरफ़ हंगामा मचा हुआ था और इन लोगों को माल निःशुल्क 'बाँटने' की डींग हाँकने वाले कैंटीन के निरीक्षक अधिकारी कुरुक्षेत्र के हतबुद्धि पार्थ की तरह वह सारा दृश्य देख रहे थे।

कोई देखने वाला यही सोच सकता था कि कहीं ये बुभुक्षित लोग अकालग्रस्त क्षेत्र से आकर अभी-अभी बस से तो यहाँ नहीं आ उतरे हैं। वास्तव में, ये सभी कम-ज़्यादह मात्रा में अच्छी हालत वाले कर्मचारी थे? इन लोगों को राशन के अनाज से ही क्यों न हो, दो जून भरपेट खाना नसीब हो रहा था और इनमें से अधिकांश लोग घर से खाना खाकर ही आये थे और कुछ लोग काम पर आते समय साथ में खाने के टिफिन लेकर आये थे। फिर यह भगदड़ और भुखमरी क्यों? किसलिए?

इस अनोखे दृश्य को देखने वाले एक दर्शक ने कहा, 'यह जादू है 'निःशुल्क', 'मुफ़्त' शब्द का। इसी शब्द से सभी के पेट में आग लगी है, उनके गले सूख गये हैं, उनके उतरे हुए चेहरों पर प्रसन्नता झलकने लगी है, हाथ फड़कने लगे हैं, पाँवों में गति आ गयी है। हर एक के शरीर में जैसे किसी भयंकर चैतन्य ने प्रवेश कर लिया है। चपलगति चौपायों की तरह ये दो पाँवों वाले सुस्त प्राणी देखिये, कितनी तेज़ी से इस अचानक हाथ लगे हुए 'अन्नछत्र' में उछल रहे हैं। हैं तो सभी शिक्षित, वयस्क, सुस्थिति वाले, पर परम्परागत, मँजे हुए भिखारियों की तरह एक-एक पदार्थ का सफाया कर रहे हैं। वाह-वाह! और तेज़ी से!'

वह और बकबक करते हुए खड़ा था। मैं बेचैनी से सामने वाला दृश्य देखकर मन में सोच रहा था, हम इन पर क्यों हँसें? 'मुफ्त मिले तो छोड़ो मत'—बहुत दिनों से सुना और परखा हुआ यह घोषवाक्य किसका है?

हमारा ही तो है!

एक तरह से हमें अपने ही दर्शन हो रहे हैं! क्या हम अपने मामूली फ़ायदे के लिए अपनी मनुष्यता, जब चाहें तब, ताक पर नहीं रख देते? आत्मसम्मान, सुसभ्यता, प्रतिष्ठा, विवेक, अनुशासन, संयम आदि का मूल्य हमारे लिए एक ही होता है और वह है 'मुफ़्त का' अर्थात् मुफ़्तखोरी!

फ़िल्म डिवीज़न को नोटिस

इस फ़िल्म डिवीजन को क्या हो गया है?

ये लोग बहुत अच्छे सूचना-चित्र बनाने लगे हैं।

कभी-कभी तो मुख्य फ़िल्म की अपेक्षा, उसके पहले दिखाये जाने वाले समाचार-चित्र ही मज़ेदार लगने लगे हैं।

इससे तो हमें समय पर आकर बैठना पड़ेगा, क्योंकि देर होने पर पछताना पड़ेगा।

परसों की बात है। मैं हास्य अभिनेता बॉब होप की फ़िल्म 'ग्लोबल एफेयर' देखने गया था। भूल से समय पर पहुँच गया। उसमें मेरी गलती नहीं थी। उस 'बेस्ट' के बस-ड्राइवर ने अपेक्षित विलम्ब से कम विलम्ब किया जिससे बस समय पर पहुँच गयी। थिएटर में प्रवेश किया तो फ़िल्म डिवीज़न का सूचना-चित्र दिखाया जाने लगा। मैंने माथा पीट लिया। सोचा, यह यातना लिखी थी भाग्य में! और कोई चारा न होने से नसीब को कोसते और उस विश्वासघाती, समयपालक बस ड्राइवर को मन-ही-मन गालियाँ देते हुए परदे की ओर देखने लगा—और आपसे क्या कहूँ, उल्टी गंगा बहने लगी। मुख्य चित्र तो बाद में था, पर सूचना-चित्र के उस छोटे-से टुकड़े से ही मेरे टिकट के आधे दाम वसूल हो गये।

इस टुकड़े में, कुछ दिनों पहले बम्बई की जहाँगीर आर्ट गैलरी में सम्पन्न ब्रिटिश शिल्पकृतियों की प्रदर्शनी के दर्शन कराये गये थे। वे शिल्पकृतियाँ आज की नयी प्रणालियों की प्रतिनिधिक झाँकी प्रस्तुत करने वाली और हम-आपको तथा बड़े-बड़ों को भी उलझन में डालने वाली थीं; लेकिन वे कृतियाँ प्रथम श्रेणी के ब्रिटिश कलाकारों की बनायी हुई होने से, बड़ी महत्त्वपूर्ण थीं।

वैसे तो हमारे फ़िल्म डिवीज़न की नित्य कार्यप्रणाली 'यह सूर्य और यह जयद्रथ, अब अर्जुन, चलाओ तीर' के ढंग की होती है यानी वह प्रदर्शनी, उसकी नीरस और घिसी-पिटी जानकारी और...।

लेकिन इस बार अनुमान गलत निकला। परदे पर दिखायी जाने वाली प्रदर्शनी का चित्रण इस प्रकार से किया गया था कि जैसे हम खुद ही प्रदर्शनी देख रहे हों, मानो दर्शक कैमरे का ख़याल किये बिना प्रदर्शनी में घूम रहे थे, आश्चर्य से

चकित होकर शिल्पकृतियों को निहार रहे थे और शिल्पकृतियाँ दर्शकों को निहार रही थीं। उस मज़ेदार चित्रण के साथ प्रदर्शनी देखने वाले शौकीनों की स्वयं प्रेरित भेंट-मुलाक़ातें ध्वनिमुद्रित की गयी थीं। बोलने वाले हिचक रहे थे, झिझक रहे थे, बीच ही में 'नर्वस' होकर अपने आप से हँस रहे थे, फिर भी बोलते जा रहे थे—सामान्य दर्शकों की ये प्रतिक्रियायें—और सामने के परदे पर हम निर्मुक्त होकर घूर रहे थे।

इस छोटे-से 'टुकड़े' से थिएटर में सजीवता छा गयी। सारी नाराज़गी, निरुत्साह, सुस्ती, अनुशासनहीन बकबक काफूर हो गयी और सारा वातावरण साफ़-सुथरा, तरोताज़ा और प्रफुल्लित हो गया। (यहाँ तक कि उस खेल में—मैं झूठ नहीं कह रहा हूँ—बॉब होप का काम थोड़ा उतर ही गया।)

क्या यह ठीक है? शुरू के उकताऊ सूचना-चित्रों की तुलना में हमें बाद के अंग्रेज़ी-हिन्दी-मराठी के मामूली चित्रपट भी कलापूर्ण लगते थे, लेकिन अगर ऐसे सूचना-चित्र आने लगें तो उन मुख्य फ़िल्मों का क्या हाल होगा?

कुछ दिनों पहले भी एक मामूली मराठी फ़िल्म से पहले, इन दिनों मज़ाक़ का विषय बने परिवार नियोजन नामक 'सरकारी' विषय पर बनाया गया फ़िल्म डिवीज़न का एक सूचना-चित्र अप्रत्याशित रूप से आकर्षक निकला। उसमें, मानो प्रतियोगिता के द्वारा चयन किये गये एक-से-एक उजड्ड, उदास और मायूस मुख वाले अभिनयहीन अभिनेताओं-अभिनेत्रियों के बदले स्लेट पर बनाये गये व्यंगचित्रनुमा मज़ेदार चित्रण से एक कहानी तेज़ी से दिखायी गयी थी और लगभग छः वर्ष की किसी एक बालिका ने उसका निवेदन किया था। वाह! क्या वे एक-से-एक रेकती, मोटी आवाज़ में बोलने वाले फ़िल्म डिवीज़न के निर्धारित 'हुक्मर्ड' निवेदक अचानक मौन हो गये? या उनका गला बैठ गया? उन 'राक्षसी' दहाड़ों के स्थान पर वह कोमल, हलकी, मुलायम, बीच-बीच में रुकने, हिचकिचाने वाली अकृत्रिम आवाज़ सुनने पर, थिएटर में होने पर भी घर जैसा लगा—तरोताज़ा और प्रसन्न करने वाला आभास!

अगर ऐसा हो तो हमारे आज के मराठी चित्रपट हमें कैसे भायेंगे? सूचना-चित्रों में ऐसा ताज़ापन और यह मिठास?

इसके निमित्त मैं फ़िल्म डिवीज़न के मुख्य अधिकारी को नोटिस देना चाहता हूँ कि वे ऐसी 'बेहूदा हरकतें' बन्द कर दें। वे हमारे सूचना-चित्रों की परम्परा का स्मरण करें, उनकी वह कलाहीनता, वह मुर्दनी, वह रूखापन, वह लीक पर चलना आदि को ध्यान में रखें। इस दिव्य परम्परा में ही हम ऊँघते, जम्हाइयाँ लेते, गपशप करते और उनको भरपूर गालियाँ देते हुए बड़े हुए हैं। अब अगर वे यह परम्परा छोड़ देंगे तो हम क्या करेंगे? गालियाँ देने की बात तो हम समझ सकते हैं (उसके लिए फिलहाल काफ़ी कार्य है।) लेकिन उन जम्हाइयों का क्या करें—उन्हें कहाँ लें?

राजाधिराज

बम्बई के दादर क्षेत्र से सैंतालीस नम्बर की बस पकड़िये और जी.पी.ओ. से पहले वाले स्टॉप पर उतर जाइये। बस, वहीं, उस स्टॉप पर ही—

अगर वे वहाँ दिखायी न पड़ें तो उसके पहले वाले स्टॉप के पास देखिये या उसके दूसरी ओर के स्टॉप पर नज़र डालिये! और अगर वे वहाँ भी दिखायी न पड़ें तो सामने, उस तरफ़ के सभी स्टॉपों को निहारते हुए चलिये, वे ज़रूर मिल जायेंगे, वही पर कहीं।

हणरावल मोट इस्टवारीत बस स्टॉप बहादुर सलमुल हुताला।

और इसके सिवा कोई और चारा भी नहीं है। ये लोग ठहरे, और ऐसे लोग तो मनमौजी ही होते हैं। ये राजा बस स्टॉप बहादुर आज इस बस स्टॉप के पास होंगे तो कल उस बस स्टॉप के पास! अभी यहाँ हैं तो थोड़ी देर बाद और कहीं होंगे। उस क्षेत्र के सभी बस स्टॉप इनके राज्य में आते हैं। यहाँ उनकी ही हुकूमत चलती है। जैसे बड़े लोगों के अनेक बँगले होते हैं, वैसे इनके अनेक बस स्टॉप होते हैं। ये जहाँ चाहें, मुकाम करेंगे। इन्हें पूछने वाला और एतराज़ करने वाला है ही कौन?

यदि इनके 'घराने' के बारे में जानना हो, तो याद कीजिए वह कहानी जिसके राजाबहादुर जादू के अदृश्य कपड़ों का परिधान पहनकर बड़ी शान से राज्य भर में नंग-धड़ंग घूम आते थे। ये ठहरे उन्हीं के उत्तराधिकारी! इनके भी कपड़े अदृश्य होते हैं—याने कपड़े होते ही नहीं हैं। किन्तु अकड़ राजघराने की होती है। अपने छोटे-से-छोटे काले-कलूटे चरणयुग्म हिलाते हुए ये बस स्टॉप के कटहरे से बँधे हुए चीथड़ों के झूले में ऐसे शान से झूलते हुए दिखायी देंगे कि आप मन-ही-मन क्यों न हो, सही में उन्हें सलाम करेंगे—ईर्ष्या से!

तो बात यह है कि कहाँ उन आने वाली या ठसाठस भीड़ से भरकर आने वाली बसों की अनन्त काल से, पंक्ति में खड़े प्रतीक्षा करने वाले, ऊबने वाले, पसीने से कपड़ों के भीतर चिपचिपाने वाले और झल्लाने वाले हम लोग और कहाँ

बस स्टॉप से झूला बाँधकर निर्भय, शान्ति और मज़े से छोटी-छोटी पेंगें भरकर झूलने वाले ये कुहनी तक लम्बे सुखी नग्न जीव! इन्हें न किसी की प्रतीक्षा है, न अपेक्षा, न कोई तनाव, दबाव या चिन्ता! कोई काम भी नहीं। इन्हें न कहीं जाना या पहुँचना है, न किसी से मिलना है और किसी से कुछ माँगना या देना भी नहीं है। काग़ज़ की थैली, छाता, बरसाती आदि का बोझ ढोने और सँभालने की चिन्ता से ये मुक्त हैं। इन्हें जेबकतरों से सावधान रहने की ज़रूरत नहीं है। इनका तो बस, यही काम है कि अपने काले चिकने सुन्दर नग्न शरीर का प्रदर्शन करते हुए चीथड़ों के उस झूले में आराम से बैठा जाये और किसी सुने हुए फ़िल्मी गीत का अधूरा मुखड़ा गोल-गोल फूले हुए स्वर में, अपने लिए ही, चीखते हुए मन-मुराद गाया जाये। बीच-बीच में शानदार ढंग से नाक के नीचे से कलाई घुमाई जाये। बीच ही में, ये कतार में अपनी प्रतिष्ठा को सँभालते हुए खड़े रहने वाले हर साफ-सुथरे, प्रतिष्ठत, पर परेशान मनुष्य के सामने अपना छोटा-सा हाथ फैला देते हैं—भीख माँगने के लिए नहीं, खडण्नी वसूल करने के लिए। जो दे उसका भी भला, न दे उसका भी भला। इनकी अपनी खुशी अलग है। जादू के अदृश्य कपड़े पहनकर, चीथड़ों के घोड़े पर सवार होकर, बस स्टॉप के कटहरे को लातें जमाते हुए चारों ओर घूमने की खुशी।

बसें आती हैं और जाती हैं। कतार में खड़े लोगों की संख्या घटती है और बढ़ती है। कभी-कभी तू-तू मैं-मैं और मारपीट भी होती है—बस में घुसने के अधिकार के लिए। कभी जेब कट जाने का शोर-गुल होता है, तो कभी ऐसे रहस्यमय आदमी बस स्टॉप के पास जमा होते हैं जिन्हें कहीं जाना नहीं होता और वे जाने कैसे-कैसे सौदे पटाते हैं और चले जाते हैं। बरसात होती है तो स्टॉप के अपर्याप्त छप्पर से पानी अन्दर बरसने लगता है। कतार में खड़े लोग अपने बदन और इस्त्री किए हुए कपड़ों को बचाने के लिए अपने को सिकुड़ने-समेटने की कोशिश करते हैं और भीग जाते हैं। तब सारा गुस्सा बरसात पर निकाला जाता है। कभी-कभी बरसात के पानी का निस्सरण न होने से बस स्टॉप के पास ही तालाब बन जाता है। बरसात जितनी तेज़ होगी, बस स्टॉप के ये स्वामी उतने ही खुश होंगे। नंगे भीगने का मज़ा लेते हुए वे खिलखिलायेंगे, चिल्लायेंगे, तालियाँ और बदन को पीटते हुए वे जमा हुए पानी में दनादन कूदेंगे। इनके पेट-पीठ पर पानी की बौछार होने पर इनका काला रंग चन्दन के वन की तरह और निखर आता है, बदन की कली सर्राटे से खिल जाती है। ऐसा लगता है, जैसे इनकी नस-नस में खरगोश, हिरन या कृष्ण मृग जाग उठे हैं। इनके गले से बरसात का एक उत्स्फूर्त, शब्दहीन, मुक्त, बावला गाना रुक-रुककर फूट पड़ता

है। कतार में खड़े वस्त्रधारी बदनचोर और सिकुड़ने लगते हैं। वे झिझकते हैं, झल्लाते हैं, ठिठुरते हैं और इस बात पर गरमागरम बहस करते हैं कि इन बच्चों के माँ-बाप क्या-क्या धन्धे करते हैं और ये बच्चे कैसे भीख माँगकर, चोरियाँ करके, जेबें काटकर उपद्रवी बनते हैं। सरकार इन बच्चों को लावारिस कुत्तों की तरह पकड़कर क्यों नहीं ले जाती—आदि जैसे प्रश्न बड़े जोश से एक-दूसरे से पूछे जाते हैं; पर उस 'बा-अदब, बा-मुलाहिज़ा' बर्ताव की किसे चिन्ता है? जहाँपनाह तो अपने पर्जन्यस्तान में तालियाँ पीटने में मगन हैं।

तो ये हैं बस स्टॉप-बहादुर सुलमुल हुताला हणराबल मोट इस्तवारीत आदि-आदि। दादर की तरफ़ तैंतालीस नम्बर के बस-मार्ग पर इन्हीं का राज्य है। थोड़ा खोजिये तो मिल जायेंगे। इनका 'घराना' कहानी के राजा का घराना है। वास्तव में इनका घराना कहाँ है, किसे मालूम है? पूछताछ करने पर इन छोटी-छोटी समझदार आँखों में आता है केवल एक नासमझी का भाव! घर? माँ? बाप? बहन-भाई? गोल, फूले हुए पंजे से छोटे बालों वाला सिर ज़रा खुजलाया जाता है, पर उत्तर नहीं मिलता। लेकिन उसकी भी फ़िक्र क्यों की जाये? बस स्टॉप की पटकनी को एक लात जमाकर चीथड़ों के झूले पर मज़े से झूलने लगे कि फिर कोई चिन्ता नहीं रहती। ये तो ठहरे राजाधिराज!

सर्प काम-क्रीड़ा

आपने कभी सर्पों की काम-क्रीड़ा देखी है? मैंने वह देखी है। कहा जाता है कि बहुत कम दिखायी देती है। मैं उसे देख सका और वह भी यहीं—इसी बम्बई में।

उसका वर्णन करने से पहले, आपको बता दूँ कि मुझे यह अवसर कैसे मिला। बम्बई पैडर रोड पर फ़िल्म प्रभाग के कई कार्यालय हैं। यहाँ के उन कलाकारों और शिल्पतन्त्रियों का एक चर्चा-मण्डल है जो भारत सरकार की ओर से वृत्त चित्र और सूचना चित्र बनाते हैं। इस मण्डल की हर साप्ताहिक बैठक में एक-एक निर्माता के कुछ सूचना चित्र दिखाये जाते हैं और उन पर चर्चा की जाती है। पिछले शुक्रवार की शाम को इस मण्डल ने 'आफ्टर दि इक्लिप्स' और 'माइल्स टु गो' के निर्माता श्री सुखदेव के कुछ सूचना चित्र दिखाये और उन पर चर्चा करवाई। उस वक़्त सुखदेव स्वयं उपस्थित थे। उन्होंने चर्चा में भाग लिया। उनके खुले दिल से दिये गये चटपटे, चुटीले, थोड़े-से भोथरे हाज़िर जवाबों ने चर्चा में रंग भर दिया। यदि आज सर्प काम-क्रीड़ा का विषय न होता, तो सुखदेव के तीखे जवाब यहाँ ज़रूर ही दिये जाते।

सुखदेव के जो तीन सूचना चित्र दिखाये गये, उनमें से 'जंगली जीवन' से सम्बन्धित सूचना चित्र में यह काम-क्रीड़ा का बिरला 'सीन' बहुत निकट से, लेकिन उस अजीब क्रीड़ा में बिल्कुल रुकावट न डालते हुए फ़िल्माया गया था।

यदि इस शृंगारिक दृश्य पर सेन्सर बोर्ड ने कैंची न चलायी हो, तो उसके सदस्यों की समझदारी की दाद देनी होगी; क्योंकि यह क्रीड़ा न सिर्फ़ उन्मुक्त है बल्कि 'अनैतिक' भी है—दो नरों और एक मादा की काम क्रीड़ा—और वह भी केवल आधी-अधूरी नहीं, बल्कि परिपूर्ण! मनुष्यों के नीति-नियम सर्पों पर लागू नहीं हैं, जंगल का नीतिशास्त्र कुछ अलग ही है। उसके मनुष्य-जाति पर कौन-से अनुचित प्रभाव होंगे, इस बात का विचार जंगली जीव नहीं करते, क्योंकि उन्हें विचार और मनुष्य-जाति इन दोनों से परहेज़ है। सुखदेव जंगल में घुसे और

कहीं छिपकर बैठे तो अनायास ही उन्हें इस बिरले, मुक्त शृंगार को कैमरे में क़ैद करने का अवसर मिल गया।

हरी-पीली घास से, मन के दुष्ट विचारों की तरह पहले ये तीन प्रणयी जीव बल खाते फ़िल्म में आते दिखायी दिये। तब पहले वाले दृश्यों के साथ चलने वाला पार्श्व संगीत एकदम से रोक दिया गया और पूर्ण निःस्तब्धता में इन तीनों की एक जैसी, लयबद्ध और समान्तर गतिविधियों से कलेजे में भय की लहर उठी। दो हलके हरे-भूरे रंग के और एक पीली-सी खाल ओढ़े हुए। तीनों की लम्बाई भरपूर थी। उपमा देनी हो, तो वाद्यवृन्द के तीन वाद्यों की सुसंगत सरगम की तरह ये तीनों आगे बढ़ते जा रहे थे। बीच-बीच में वे तीनों फन फैलाकर लम्बे हो जाते और उसी स्थिति में आगे बढ़ते; लेकिन वे फन भयावह नहीं थे, उनमें प्रतीत होती थी एक मादकता, मस्ती! आगे बढ़ते समय वे तीनों नवविवाहित जोड़े की तरह जान-बूझकर और उत्कटता से एक-दूसरे के बदन से अपना बदन छुआते थे, सहलाते थे, रगड़ते थे और चिपकते थे—पर ऐसी कोमलता से जैसे उनका विष उनकी हलचल में उतर आया हो।

फिर तीनों एकदम सुस्त-से हो गये। उनकी हर हलचल अर्ध-जाग्रतावस्था की हलचल जैसी होने लगी। बारी-बारी से दो-दो एक-दूसरे को गले लगाने लगे और तीसरा पास ही फन फैलाकर झूमने लगा। यह आलिंगन भी इकहरा नहीं था। एक-दूसरे के बदन की नरम, लचीली लपटें एक-दूसरे पर पड़ रही थीं, छूट रही थीं, फिर पड़ रही थीं, छूट रही थीं। हर हलचल मस्ती के पूरे ज्वार से भरी हुई थी—मानो उन सभी पर मदन का नशा हावी हो गया हो।

एक-से जकड़ने और खुलने वाले तीन मस्त सर्पों का वह दृश्य नज़र को बाँधने वाला था। वह ऐसा तरल और स्निग्ध था जैसे मानो तीन लम्बी यादें एक-दूसरी में उलझ गयी हों और फिर खुल गयी हों। वह उन्मादक भी था और काव्यमय भी।

उनकी वे हलचलें, एक-दूसरे से जकड़ना और फिर मुक्त हो जाना, लपेटें, सरसराते स्पर्श उत्कटता से बढ़ते गये और अन्त में तीनों एक साथ, एक-दूसरे से कसकर लिपट गये। ओ हो! ऐसा दृश्य तो कभी देखा ही नहीं था। वह लपेट ऐसी घनी और राक्षसी थी कि लगा, जैसे किसी ने जीवित सर्पों की तीन लड़ियों वाली चोटी या गज़रा बनाया हो। उन तीन लड़ों का एक ही अजीब सर्प बन गया और वह अपने तीन माथों के साथ उस पीली-हरी घास में एक ही समय झटकता, फड़कता, तेज़ी से लुढ़कता और अनिवारित आवेगों से रोमांचित होता रहा। वे तीन जालीदार, चमकती खालें एक-दूसरे से कसकर मसलते-मरोड़ते हुए

एक-दूसरे को जैसे पी रही थीं। उनकी पूँछें तनी हुई कुलबुला रही थीं, झँझोड़ रही थीं, झटके दे रही थीं।

अब यह दृश्य पर्दे से ओझल हो गया है, फिर भी आँखों के सामने से अभी तक हट नहीं रहा है। एक ही साथ भयप्रद और मन्त्रमुग्ध करने वाले उस दृश्य के स्मरण से रोंगटे खड़े हो जाते हैं।

अगर सुखदेव का वह 'वाइल्ड लाइफ इन इण्डिया' नाम सूचना चित्र देखने का अवसर मिले तो ज़रूर देखिये—इस अनोखी सर्प काम-क्रीड़ा को देखने के लिए।

गाँधी जयन्ती के अवसर पर

कल गाँधी जयन्ती के दिन सुबह होते ही हमारी आठ वर्ष की एक बाल सहेली मुझे खोजते हुए घर में घुस आयी। वह ख़ुशी से उछल रही थी। वह कुछ कहना चाहती थी और शायद वह उसे घड़ी भर के लिए भी मन में रखना सम्भव नहीं हो रहा था। मैं दाढ़ी बना रहा था। वह तेज़ी से मेरे पास आयी और बोली, 'चाचाजी, आपको एक राज़ की बात बताऊँ?' मैं पूछना चाहता था, क्या है वह बात, पर उससे पहले ही वह बोली, 'सुदीप कुमार पारो बानो से शादी करने वाले हैं।'

मैंने झूठमूठ ही अपने चेहरे पर आश्चर्य दिखाते हुए कहा, 'क्या कह रही हो!' वह अत्यन्त उत्साह से, पर हाँफते हुए बोली, 'हाँ, यह सच है। आज के समाचारपत्र में छपा है। क्यों चाचाजी, है न मज़े की बात?' वह बड़ी मुश्किल से 'समाचारपत्र' शब्द का उच्चारण कर पायी। उसका उच्चारण करते समय उसके छोटे-से होंठ अजीब ढंग से मुड़े।

मैं चेहरे पर आश्चर्य का भाव बनाये रखते हुए बोला, 'बेशक! पर तुम कब से समाचारपत्र पढ़ने लगीं?'

एक प्रौढ़ा की तरह वह मुझे समझाते हुए बोली, 'मैंने नहीं पढ़ा। माँ-पिताजी से कह रही थी तो मैंने सुना। माँ कह रही थी—क्यों जी, आपने सुना, सुदीप कुमार पारो से शादी कर रहे हैं।'

मैंने दाढ़ी बनाने का कार्य जारी रखते हुए उससे पूछा, 'फिर इस पर तुम्हारे पिताजी ने तुम्हारी माँ से क्या कहा?'

वह बालिका मूल विषय से असम्बन्धित प्रश्नों से थोड़ी नाराज़ हो गयी। गर्दन टेढ़ी करके किसी अज्ञानी बालक को समझाने के ढंग से वह मुझे समझाते हुए बोली, 'वह तो मैंने नहीं सुना। यह बात आपको सुनाने दौड़ी जो चली आयी।'

मैंने कहा, 'हाँ, सही है। पर एक बात बताओ, यह पारो बानो कौन है? कहीं तुम्हारी मौसी-वौसी तो नहीं?'

तब देवी जी मेरे बावलेपन पर ठहाका मारकर हँसीं और बोलीं, 'क्या आप

इतना भी नहीं जानते, चाचाजी? पारो बानो फ़िल्मों में काम करती है। बहुत टॉप काम करती है वह!'

'शायद तुमने उसका काम देखा है। कौन-सा काम करती है वह?' मैंने अनजान बनते हुए पूछा।

एक ओर मुझ पर तरस खाते हुए, आदतन नाक के नीचे से कलाई घुमाते हुए वह बोली, 'मैंने अभी तक नहीं देखा है। वह ऐसा काम करती है, जो बच्चों के देखने लायक नहीं होता। माँ ही कहती है। इसीलिए तो मुझे सुलाकर माँ पिताजी को लेकर उसका काम देखने जाती है। फिर लौट आने पर माँ पिताजी से कुट्टी करती है, क्योंकि पिताजी थिएटर में सो जाते हैं। वे कहते हैं—हिन्दी फ़िल्में कचरा होती हैं। तब माँ बौखलाती है।' फिर बीच ही में रुककर, जैसे कोई बात अचानक याद आ गयी हो, वह बोली, 'पारो बानो को चाचाजी, एक फ़िल्म के लिए पाँच लाख रुपये मिलते हैं।' पाँच लाख कहते समय उस छोटी बालिका की बड़ी-बड़ी आँखें विस्मय से फैल गयी थीं। मैंने भी जैसे भौचक होकर पूछा, 'बाप रे! पाँच लाख! पाँच के बाद कितने शून्य होते हैं पाँच लाख में?'

वह कुछ देर तक सोच में पड़ गयी, पर मूल विषय को भूलने के लिए वह बिल्कुल तैयार नहीं थी। थोड़ी देर बाद, मानो कोई गुप्त और महत्त्वपूर्ण बताना चाहती हो, वह बोली, 'चाचाजी, सुदीप कुमार असल में, पहले नीना कुमारी से शादी करने वाले थे, पर कहते हैं...भला-सा नाम है उसका...हाँ, उस गुरु से प्रेम करती थी वह! वही गुरु—गुरुदेव दत्त, लेकिन गुरुदेव दत्त प्रेम करते थे लीना कुमारी से। ऊपर की मंज़िल पर मेरी फ्रेण्ड रहती है अरुणा! उसकी काकी एक बार अपनी फ्रेण्ड से यह बात कह रही थी, तो वह अरुणा ने सुनी और मुझे बताई। हमारी टीचर मैडम को सुदीप कुमार बहुत भाते हैं। चाचाजी! हमारी मैडम यह बात श्रीमती शेरे मैडम से कह रही थीं, तब मैंने सुना। वे बोलीं, सुदीप कुमार बहुत फ्री हैं।'

मैंने जिज्ञासा से पूछा, 'वे तुम्हारी मैडम से कहाँ मिले थे?'

फिर एक बार मेरे अज्ञान पर तरस खाते हुए छोटी देवीजी बोलीं, 'आप तो निरे नासमझ हैं, चाचाजी! क्या हमारी मैडम उनकी फ़िल्में नहीं देखती? 'दिल टूटा, दर्द लुटा' के सभी गाने ज़बानी याद हैं हमारी मैडम को। हमारी मैडम ऐनक भी लगाती हैं। वे थोड़ी-सी गुस्सैल भी हैं। कभी-कभी नाहक ही मुझे बेंच पर खड़े रहने की सज़ा देती हैं।'

मैंने गम्भीरता से गर्दन हिलाते हुए कहा, 'फिर तो तुम ज़रूर जाओगी तुम्हारी मैडम के सुदीप कुमार और पारो बानो की शादी में?'

वह अपनी छोटी-सी मुट्ठी ठुड्डी पर लगाकर कुछ देर तक सोचती रही और फिर बोली, 'अगर यह शादी इतवार के दिन हो, तो मैं जाऊँगी। अन्य दिनों तो स्कूल जाना पड़ता है न, चाचाजी! लेकिन मैंने तय कर लिया है कि मैं भी आगे चलकर पारो बानो जैसी बड़ी बनूँगी।'

फिर वह कोमल बालिका सपने देखने में दंग हो गयी कि वह बहुत बड़ी बनने पर क्या-क्या करेगी; और मैं दाढ़ी बनाते हुए, व्यर्थ ही सोचता रहा कि आज तो गाँधी जयन्ती है!

खेल नामक क्रिकेट

नीचे दिया गया एक लेख का अंश उन लोगों को ज़रूर पढ़ना चाहिए जो भगीरथ प्रयत्नों से टिकट प्राप्त करके, छुट्टी लेकर, किसी-न-किसी से दूरबीन उधार लेकर बड़े उत्साह से क्रिकेट के टेस्ट मैच देखने से कभी नहीं चूकते। यह लेख इंग्लैण्ड के थॉमसन फाउण्डेशन की एक अंग्रेज़ी पत्रिका में छपा था। यह लेख संयुक्त अरब गणतन्त्र के एक पत्रकार इस्माईल-अल-बकरी ने लिखा था जो फाउण्डेशन के शिक्षा-केन्द्र में छात्र के रूप में आया था और जिसने जीवन में पहली बार क्रिकेट मैच देखा था। उक्त मैच देखने के बाद उसने यह लेख लिखा था। उसके देश में तो क्रिकेट नाम का खेल खेला नहीं जाता। इंग्लैण्ड में आते ही उसने इस खेल की बहुत तारीफ़ सुनी थी। मैच देखने पर उसने लिखा–

'एक दिन हमें वार्सेस्टर ले जाया गया। वहाँ वेस्ट इण्डीज़ संघ और वार्सेस्टर संघ के बीच क्रिकेट का मैच खेला जा रहा था। हम कार्डिफ से चले और अनोखी प्राकृतिक सुन्दरता का अवलोकन करते हुए वार्सेस्टर पहुँचे, तो वहाँ की हवा एकदम रद्दी थी। मैदान के चारों ओर लोगों के झुण्ड जमा थे और मैच देखने में डूबे थे। उनमें से कुछ लोग मैच देखते-देखते बीयर पी रहे थे और सैण्डविच खा रहे थे।

मैदान के बीचों-बीच अनेक वेस्ट-इण्डियन खिलाड़ी दिखायी दिये! उनमें से एक अंग्रेज़ खिलाड़ी पर बार-बार गेंद फेंक रहा था। शायद इसी को 'बोलिंग' कहा जाता है। वह अंग्रेज़ खिलाड़ी एक विशिष्ट प्रकार के लकड़ी के बल्ले से गेंद को पीटने की कोशिश कर रहा था। बाद में पता चला कि इसको 'बैटिंग' कहते हैं।

काफ़ी पूछताछ करने पर मालूम हुआ कि हर संघ में ग्यारह-ग्यारह खिलाड़ी होते हैं और मैदान में जिन-जिन जगहों पर वे खड़े रहते हैं, उनको कवर पॉइण्ट, एक्स्ट्रा कवर, बैकवर्ड पॉइण्ट, थर्ड मैन, गली, फर्स्ट स्लिप, सेकेण्ड स्लिप, विकेट कीपर कहते हैं। दो अम्पायर विकेट के एक-एक ओर बारी-बारी से खड़े होकर क्रिकेट के मैच का निरीक्षण करते हैं।

बीच ही में, अचानक खिलाड़ियों में भगदड़ मच गयी और वे इधर-उधर भागने लगे। वे बहुत तेज़ी से भाग रहे थे। तब मैंने अपने भारतीय सहपाठियों से, उनके भागने का कारण पूछा तो उन्होंने बताया कि वे बरसात आने के कारण भाग रहे हैं। मैंने आज तक कितने ही फुटबॉल मैच देखे हैं, पर बरसात आने पर कभी किसी खिलाड़ी को मैदान छोड़कर नौ दो ग्यारह होते नहीं देखा। पता नहीं, वे क्रिकेट में क्यों भाग जाते हैं—शायद भीगने के डर से। कुल मिलाकर यह खेल ही बड़ा अजीब है।

बरसात आने पर पिच को भी एक विशाल कपड़े से जल्दी-जल्दी ढाँक दिया गया। बरसात थम जाने पर उसे निकाल लिया गया। मैंने फिर मित्रों से इसकी वजह पूछी। उन्होंने मुझे समझाने का प्रयास किया, पर मैं ठीक से समझ नहीं पाया। खिलाड़ी भीग न जाये, यह तो ठीक है लेकिन खेलने की जगह को भी ढाँका जाये? यह बात अपने पल्ले नहीं पड़ी।

बरसात के थमने पर खेल फिर से शुरू हुआ। वेस्ट इण्डीज़ के एक खिलाड़ी ने अंग्रेज़ बैट्समैन की ओर गेंद फेंकी। बैट्समैन ने उसे पीटने की कोशिश की, मगर उसमें उसे सफलता नहीं मिली। तब वेस्ट इण्डीज़ के खिलाड़ी तुरन्त ऊँची आवाज़ में चिल्लाये, पर मुझे तो कुछ हुआ नज़र नहीं आया।

शाम को मैदान से चला, तब तक मैच का परिणाम मालूम नहीं हुआ था। कहते हैं, मैच तीन दिन तक खेला जाता है और वह तो दूसरा ही दिन था। फिर सुना कि तीसरे दिन बरसात ने खेल पर पानी फेर दिया। मैच अनिर्णीत रहा।

अब सोचता हूँ, काहिरा लौटने पर अपने मित्रों को क्रिकेट की यह सारी जानकारी दूँगा। लेकिन मुझे सन्देह है कि वे कहाँ तक इसे समझ पायेंगे। जब मैं देखने पर भी कुछ नहीं समझ पाया तो उनकी क्या बिसात! फिर भी एक अनुभव के तौर पर, इस गतिविधि को 'ग्रेट' ही कहना पड़ेगा।

अल बकरी ने अन्त में लिखा है—'इस खेल को समझने के उद्देश्य से एक क्रिकेट-पत्रिका में दिया गया एक 'विवरण' काफ़ी उद्‌बोधक लगता है। उसमें लिखा गया है कि क्रिकेट एक खेल होता है। उसमें दो दल हुआ करते हैं—एक मैदान पर और दूसरा अन्दर। अन्दर के दल का एक-एक खिलाड़ी बारी-बारी से बाहर याने मैदान में आता है और 'आउट' होने पर बाहर होने अर्थात् अन्दर लौटने पर अगला खिलाड़ी बाहर जाता है। वह फिर 'आउट' होने अर्थात् बाहर होने तक बाहर रहता है और फिर अन्दर जाता है। इस तरह अन्दर की पूरी मण्डली बाहर होती है तो बाहर की मण्डली अन्दर आती है और अन्दर की मण्डली

बाहर जाती है। अन्दर गये हुए पूरे दल को फिर 'आउट' याने बाहर करने की कोशिश की जाती है। कभी-कभी अन्दर का पूरा दल 'आउट' होने पर भी कुछ खिलाड़ी 'नॉट आउट' रहते हैं। इस तरह नॉट आउट खिलाड़ी समेत दोनों दल 'आउट' और 'इन' होने पर मैच समाप्त होता है।'

यह है अल बकरी की नज़र में क्रिकेट!

बातें मनुष्यों की

कल ही की बात है। सुबह समाचारपत्र पढ़ा और सोचा कि ठाकुरद्वार (बम्बई) के श्री विट्ठलराव तिनैकर से मिलना ही चाहिए, क्योंकि खालिस्तान के आन्दोलनकारियों ने पानीपत में तीन आदमियों सहित एक दूकान को जला दिया था।

मैं विट्ठलराव के पास गया तो वे चारमीनार के कश लगाते हुए बैठे थे। वे रात भर के जगे और बिना नहाये-धोये बैठे थे। मुझे देखकर उन्होंने एक लम्बी जम्हाई ली।

पिछली बार की तरह इस बार भी मैंने भाभी जी के माध्यम से (क्योंकि वे गूँगों की भाषा जानती थीं और विट्ठलराव वही भाषा समझते थे) उनसे कहा, 'विट्ठलराव, पंजाब के मामले में पानीपत में तीन आदमियों को ज़िन्दा जलाया गया।'

'बाप रे!' भाभी ने विस्मय प्रकट किया। फिर उन्होंने उन आदमियों को ज़िन्दा जलाने वाले लोगों को दो-तीन तीखी गालियाँ और शाप देकर, हावभाव से विट्ठलराव को यह सूचित किया।

इस पर विट्ठलराव ने चारमीनार का एक कश लगाया। फिर वे (भाभी के माध्यम से ही) बोले, 'मैं एक अलग ही चिन्ता से परेशान हूँ। कल रात भर जागा, लेकिन पानी ही नहीं मिला। आज नहाने के लिए पानी ही नहीं है। अब चिन्ता यही है कि पानी के बिना दिन कैसे कटेंगे? यदि पानी नहीं है तो, नल क्या आग लगाने के लिए है?'

मैंने कहा, 'पानी की बात छोड़िये विट्ठलराव, पर राजनीतिक मामलों को लेकर आदमियों को जलाना क्या जंगलीपन नहीं है?'

विट्ठलराव हावभाव से बोले, 'फिर भी पानी न हो तो कैसे चलेगा? पिछले कुछ दिनों से रात के तीन-तीन बजे तक जागना पड़ा रहा है, पर कम-से-कम पानी तो मिलता है! अमर फल मिलने वाला हो तो प्रयास करने में कोई बुराई नहीं है, लेकिन इसको क्या कहा जाये? फल तो दूर रहा, डण्ठल तक हाथ नहीं आया पूरी रात भर! अपनी भाभी से पूछिए। पहला ही घड़ा एकदम खाली—आपके मन्त्रियों के आश्वासनों की तरह!'

मुझे इस मनःस्थिति में विट्ठलराव की पानी जैसे मामूली विषय की रामकहानी उचित नहीं लगी। मैं बोला, 'लेकिन विट्ठलराव, इस सन् उन्नीस सौ सड़सठ में—इस सुसंस्कृत युग में, आदमियों को ज़िन्दा जलाया गया तो फिर उस जंगली युग में और इस तथाकथित सुसंस्कृत युग में अन्तर ही क्या रहा? मनुष्य कहाँ बदला है, वह तो ज्यों-का-त्यों जंगली ही है, पशुवत् है, निर्बुद्धि है।'

विट्ठलराव को ये सारी बातें समझाने में भाभी को काफ़ी मेहनत करनी पड़ी। इसके लिए पहले उन्हें इन शब्दों का अर्थ जान लेना पड़ा। वैसे भाभी मतलब तो जल्दी समझ गयीं, पर शब्द मुश्किल लगे।

विट्ठलराव बोले, 'पानी न हो, तो सब कुछ व्यर्थ है। पानीपत के लोगों को पानी के लिए जीना नहीं पड़ता होगा, इसलिए वे आग लगाते होंगे। हमारे गोवा में भरपूर पानी है। वहाँ की राजनीति में भी पानी है और यहाँ—इस बम्बई में पानी में भी पानी नहीं है, जो कुछ है, वह सारा पोटेशियम परमैगनेट है और वह भी कहाँ मिलता है! अब मैंने कल से पचास कच्चे नारियल के डाब खरीदकर घर में रखने का फ़ैसला किया है। नल में न हो तो डाब में तो निश्चय ही पानी मिलेगा, क्योंकि बम्बई नगर निगम उन्हें नहीं बनाता, वे तो आसमानी नगर निगम द्वारा बनाये जाते हैं।'

अगर ऐसा है तो आसमानी नगर निगम द्वारा ही बनाये गये मनुष्य के दिमाग़ में कई बार थोड़ी-सी अक्ल क्यों नहीं होती? मेरा क्रोध उबल रहा था। मैंने कहा, 'ज़रा सोचिए विट्ठलराव, यह प्रश्न तो हमारा ही एक विशिष्ट क्षेत्र हमारी ही सुविधा के लिए उचित ढंग से और समय पर इकट्ठा लाने के सम्बन्ध में है और हम में से तीन आदमियों को, जो जान बचाने के डर से छिप गये थे, हमने ज़िन्दा जला दिया? फिर हम विश्व शान्ति और मानवता की बातें क्यों करते हैं?'

विट्ठलराव अपनी पत्नी के माध्यम से पूरी तरह समझने पर बोले, 'आपको ठण्डे पानी से नहाने के लिए कहना, पर पानी ही नहीं है। देखिए न, चीनी के अभाव में मेहमानों को चाय पिलाना कठिन हो गया है, लेकिन पानी पिलाना चाहूँ तो वह भी नदारद है। मानवता की बातें कौन करता है? क्या मैं करता हूँ? फिर मुझे यह पीड़ा क्यों? नल में पानी नहीं है, इसलिए मुझे पीड़ा और मुझमें पानी नहीं है, इसलिए भी मुझे पीड़ा। यह मत पूछिए कि मुझमें पानी होता तो मैं क्या करता। बहुत बातें आती हैं मन में, मगर हम लोग ठहरे उदरपोषी। हमें तो सिर्फ़ यही देखना है कि कोई हमको तो नहीं जला रहा है? इतना हो जाये तो भी गनीमत! वैसे अन्त में तो हमें जलना ही है...आपको अभी उसकी फिकर करने की ज़रूरत नहीं है, लेकिन हम तो उसके पास पहुँच गये हैं।'

थोड़ी देर तक उदास रहकर विट्ठलराव बोले, 'आपकी ये मानवता की बातें करने वाले होते हैं नेतागण; दंगे, आगज़नी करने वाले और आदमियों को जलाने वाले होते हैं गुण्डे-बदमाश और प्रसूति के खर्चों की पूर्ति करने, पानी भरने और चीनी के लिए इस दूकान से उस दूकान तक भटकने में जिनका पूरा जीवन बीत जाता है, वे हैं हम-आप जैसे लोग। समझ गये न? आप नाहक मनुष्यों की चिन्ता क्यों करते हैं? वे जैसे हैं, वैसे ही हैं और वैसे ही रहेंगे...हम आप जैसे!'

अब चाहिए 'राम' चाभी

क्या आप बिकाऊ हैं? यह मज़ाक़ नहीं है।

अगर आपने अपने आपको पहले ही बिकवाया हो तो फिर से बढ़ते दामों पर अपने को बिकवाइये।

अगर बिकवाया न हो, तो यह देखिए कि आपको अच्छे दाम मिलें। नाहक गिरते दामों मत बिकिए। आप धोखे में न रहिए! इस दुनिया में सब कुछ खरीदने और बेचे जाने के लिए ही होता है। पत्नी पति को सिलाई मशीन खरीदने की कल्पना 'बेचती' है, बेटा बाप को अपने को मिले कम अंकों का तर्क 'बेचता' है। और लिपिक वरिष्ठ अधिकारी को अपनी पदोन्नति की माँग 'बेचता' ही है। सरकारी दूतावास कुछ-न-कुछ 'बेचने वाली' सम्मानित दूकानें ही होती हैं। अगर अमेरिका के भूतपूर्व अध्यक्ष वुड्रो विल्सन थोड़े अच्छे 'विक्रेता' होते, तो वे अमेरिकी जनता को राष्ट्रसंघ (यूनो) की कल्पना सफलता से 'बेचते' और बाद की विश्व-राजनीति का रंग ही बदल देते।

क्षमा कीजिए, यह सारा ज्ञान मेरा नहीं है। फिलहाल स्वयं को बिकवाने की एक तरकीब अर्थात् चाभी मेरे हाथ में है। मेरे एक उत्साही मित्र ने बड़े विश्वास से वह मुझे सौंपी है और उसे पाठकों से छिपा रखना मेरे लिए बहुत मुश्किल हो रहा है।

इस मुद्रित 'चाभी' का नाम है 'हाउ टु सेल युवरसेल्फ टु अदर्स'। अमेरिका के अव्वल नम्बर के विक्रेता (सेल्समैन) 'एल्मर विलर' इसके लेखक हैं। यह चाभी सिर्फ़ चार-पाँच रुपये में मिल सकती है। इस 'चाभी' की आज तक पैंसठ हज़ार से अधिक प्रतियाँ इसके पाँच गुना मूल्य से बिकी हैं। इससे इस 'चाभी' के निर्माता की विक्रय-कला का अनुमान किया जा सकता है। उसके बाद अब अधिक लाभ का लालच त्यागकर सम्बन्धित लेखक-प्रकाशक ने उक्त जनोपयोगी 'चाभी' का 'जनता संस्करण' निकाला है।

इसके निर्माता ने शुरू में ही अपने को बिकवाने के कुल एक सौ एक

'मन्त्र' बताये हैं और पुस्तक की भूमिका में इस बात की गारण्टी दी है कि जो कोई इन 'मन्त्रों' को आत्मसात करके उन्हें अमल में लायेगा, उसकी सारी मनोकामनाएँ पूरी हो जायेंगी। अब नमूने के लिए अध्यायों के शीर्षक-उपशीर्षक देखिए—'हम सभी विक्रेता हैं', 'अपने द्वार से ही आरम्भ कीजिए', 'केवल माल अच्छा होना ही काफ़ी नहीं है', 'हाथ की सफाई बिल्कुल नहीं', 'नाक दबाकर मत पिलाइये, प्यास बढ़ाइये', 'एक ही सबसे बड़ा राज', 'अपने में यू-एबिलिटी बढ़ाइये', 'यू बड़ा आई छोटा', 'मौसमी विपणन नहीं चाहिए', 'भिखारी नहीं, व्यापारी बनिए', 'कुछ लोग कुछ समय तक फँसेंगे', 'बिक्री का मतलब है उचित सौदा', 'सफलता के लक्षण', 'प्रश्न पूछने की कला', 'यह देखिए कि लोग क्या चाहते हैं', 'मशहूर व्यक्ति का रहस्य', 'आप : एक अद्भुत शब्द', 'लोगों का ध्यान कैसे खींचें', 'सफल व्यक्तित्व', 'मोहिनी विद्या का रहस्य', 'यह जादू का फार्मूला आज़माकर तो देखिए', 'शब्द गोला-बारूद है', 'जनप्रियता का रहस्य', 'सभी प्रशंसा के प्यासे हैं'।

पाठक इन शीर्षकों से विषय-वस्तु का अनुमान कर सकेंगे। मेरे मित्र को तो यह कारूँ का खज़ाना ही हाथ लग गया है और वह अपने को अधिक-से-अधिक दामों पर बिकवाने की कोशिश कर रहा है।

हमारे भाग्य और गोरे साहबों की कृपा से अब ऐसे कई छोटे-बड़े खज़ाने बाज़ार में उपलब्ध हैं। उनमें से कुछ हैं—'मित्र कैसे बनायें', 'लोगों को प्रभावित कैसे करें', 'चिन्ताहीन कैसे बनें', 'स्मरण-शक्ति कैसे बढ़ायें', 'व्यापार में सफल कैसे बनें', 'नौकरी में पदोन्नति कैसे प्राप्त करें', 'एक बरस में पाँच लाख डॉलर कमायें', 'खाना कम किये बिना पतले बनिये', 'सरल वक्तृत्वशास्त्र', 'दावतों में कैसा बर्ताव करें', 'लड़कियों को कैसे पटायें'।

सब कुछ बहुत आसान, समझने में सरल, मुद्देवार, सूत्रबद्ध, कई उदाहरणों से प्रमाणित और सुसज्ज। आप सिर्फ़ पढ़िए और आँखें मूँदकर अमल में लाइये, सफलता आपके पाँव चूमेगी।

इस 'आत्मविक्रय' के ग्रन्थ की महत्ता का वर्णन करते हुए 'एपार्चुनिटी' नामक मासिक पत्र ने लिखा है—'जो कोई अधिक धनवान बनना चाहता हो, अधिक मित्र बनाना चाहता हो, अपना व्यक्तित्व सुधारना चाहता हो, उसे चाहिए कि वह इस पुस्तक की प्रति चाहे भीख माँगकर, उधार लेकर या वक़्त पड़ने पर चुराकर ही क्यों न हो, प्राप्त करके पढ़ें।'

इन अमरीकी प्रशंसा-लेखकों का भी कमाल है। अब उपर्युक्त प्रशस्ति में ही

स्वतन्त्र 'चाभियाँ' छिपी हैं–(1) भीख कैसे माँगें, (2) निश्चित उधार कैसे प्राप्त करें, (3) सफल चोर कैसे बनें।

संक्षेप में, चाभियों में से चाभियाँ!

मेरे दिमाग़ में एक बात आयी है–मैं भी ऐसी एक 'राम' चाभी क्यों न लिखूँ? 'सफलता की चाभी कैसे बनायें' याने पुस्तकी भोले-भालों को भुलावे में डालने के एक हज़ार एक उपाय!

बाबा

मैं जा रहा था एक हंगेरियन फ़िल्म देखने। रास्ते में ग्वालियर के महाराजा के राजप्रासाद पर सन्यास-धर्म की ध्वजा लहराती देखी। उसके नीचे का प्रवेश-द्वार विवाह-समारोह के प्रवेश-द्वार जैसा सजाया गया था। एक बोर्ड लटका हुआ था 'वेलकम टु श्री सत्यसाईंबाबा'। मैं बस से उतरा। 'बाबा' को प्रत्यक्ष रूप से देखने की बरसों की कामना पूरी होने का अवसर था।

राजप्रासाद के मुख्य पथ पर फूलमालाएँ, बन्दनवार, सूचनाएँ और आगन्तुकों के चप्पल सुरक्षित रखने का केन्द्र था। प्रांगण में विवाह-मण्डप और सर्कस के शामियाने के बीच वाले आकार का एक लम्बा-चौड़ा शामियाना लगाया गया था। उसके दो भाग कर दिये गये थे—एक महिलाओं के लिए और दूसरा पुरुषों के लिए! (भक्तिमार्ग में भी यह भेद है!) अपनी छाती पर 'सत्यसाईंबाबा' का बिल्ला लगाये हुए स्वयंसेवक और स्वयंसेविकाएँ चप्पल-रक्षा केन्द्र में और शामियाने में यथासम्भव आध्यात्मिक मुद्राएँ बनाकर भक्तों की सेवा कर रही थीं। उस भक्त-समूह में दो व्यक्तियों के बीच वाली एक सँकरी जगह में मैं बैठ गया। कुछ लोगों ने दो-दो घण्टे पहले आकर अपने स्थान सुरक्षित कर लिए थे। कुछ लोग सुबह-शाम बाबा के दर्शन करने आते थे। कुछ लोगों को सत्यसाईंबाबा की जीवनी, मन्त्रीगण के चमत्कारों सहित कण्ठस्थ थी, तो कुछ केवल जिज्ञासावश आये हुए अर्धश्रद्धालु दिखायी देते थे। मेरे पास बैठे हुए व्यक्ति ने गुजराती भाषा में छपी हुई सत्यसाईं-भजनावली बड़ी श्रद्धा से मेरी ओर सरका दी। वह चिन्तित था। उसकी पत्नी अकेली ही गम्भीर रूप से बीमार पड़ी हुई थी। दूसरा बोला, 'बाबा हैं उसकी चिन्ता करने वाले, अब तुम फिकर करना छोड़ दो।' इतना कहकर उसने मेरे हाथ की घड़ी देखी और लम्बी जम्हाई लेकर आँखें मूँद लीं। मेरे पीछे एक आदमी अपने तेरह-चौदह वर्ष के बावले पुत्र को लेकर बैठा था और एक की अन्धी बहन शायद महिला विभाग में काम कर रही थी। वह लगातार उसको खोजते हुए कुड़बुड़ा रहा था—बाबा की कृपा! एक दूसरा व्यक्ति

आस-पास के लोगों से, उनका ध्यान न होने पर भी, बार-बार कह रहा था कि उसे मिरगी के दौरे पड़ते हैं, सभी उपाय असफल हो गये हैं और अब बाबा का ही आसरा है। उसके कपड़े पीठ की तरफ़ से धूल से सने हुए थे और आँखें किसी-न-किसी बात के डर से अकुलाई हुई थीं।

निर्धारित समय बीत जाने पर भी बाबा की 'एण्ट्री' नहीं हुई। उसके बदले कर्कश स्वर में संगीतमय भजन शुरू हो गये। बैठे हुओं में से कुछ लोग तालियाँ बजाकर भजन में भाग लेने लगे, आँखें मूँदकर और हाथ जोड़कर झूमने लगे। सामने सजाये हुए मंच पर एक राजासन रखा हुआ था। (ग्वालियर महाराज के राजप्रासाद में राजासनों की क्या कमी?) वह बिजली की रोशनी से जगमगा रहा था। लगभग एक घण्टा देर से बाबा ने 'एण्ट्री' की दर्शकों में, पीछे की ओर से कहीं से, और वह भी महिला विभाग में। 'पधारे', 'पधारे' के कोलाहल, भजनों की गूँज में विपुल केशकलाप और गेरुए वस्त्रों वाले बाबा, हमारी ओर पीठ किये हुए, शामियाने की ओर बढ़ते दिखायी दिये। एक साथ कई प्रणाम किये जाने लगे। सभी को मुक्त रूप से कृपा बाँटते हुए, सभी के कुशल-क्षेम की कामना करते हुए, बीच ही में अपना केशकलाप हाथ से छितराकर आगे की ओर खींचते हुए बाबा आ रहे थे। आते समय वे भक्तों की लिखित शिकायतें, मनोगत जमा कर रहे थे। चरण स्पर्श करना निषिद्ध था, फिर भी अपने को रोक न पाने वाले भक्त उनके चरणों में लोट रहे थे, जान-बूझकर उनके चरणों में लुढ़क रहे थे और तृप्त हो रहे थे चारों ओर 'बाबा', 'बाबा' की असहाय, कातर, दीन पुकारें सुनायी दे रही थीं। कुछ लोग बच्चों को आगे धर रहे थे, तो कुछ भभूत प्राप्त करने के लिए अंजुलियाँ बढ़ा रहे थे। पीछे रहे हुए लोग बेचैन हो रहे थे। बाबा निर्मुक्त कृपा बाँट रहे थे और शिकायतें जमा कर रहे थे, रिक्त मुट्ठी से भस्म निकाल रहे थे, बच्चों, बड़ों-बूढ़ों के मस्तक पर लगा रहे थे। किसी को चक्कर आ गया तो कोई ढकेला जाकर नीचे गिर गया। बाबा कृपा बाँटते हुए आगे-आगे जा रहे थे और पीछे स्वयंसेवक भक्तों की अनियन्त्रित भीड़ पर अहिंसक ढंग से काबू पाने की कोशिश कर रहे थे।

फोटो के अनुसार गोल, फूला हुआ, साँवला-सा, शिशु-समान मुख, बदन पर जापानी 'किमोनो' चोगे जैसी, टखनों तक फैली हुई लम्बी, रेशमी, गेरुई कफनी और घुँघराला, अस्तव्यस्त, खुला केशकलाप—आदि-मानव से नाता जोड़ने वाला।

मैं बाहर निकला तो मार्ग में कन्धे-से-कन्धा मिल रहा था। बाबा के दर्शनोपरान्त लोग भक्तिमार्ग से फिर धकपकाते, घसिटते, धकियाते, ठेलते, गिरते-उठते और टकराते-पिटते हुए गृहस्थमार्ग की ओर जा रहे थे (आते समय से जाते समय

का खिंचाव अधिक था?) स्वयंसेवक ठेले जा रहे थे। बाड़ टूटा जा रहा था, बाड़ के बाँस फटकर गिर रहे थे, बच्चे पिसते जा रहे थे, चप्पल-रक्षा-केन्द्र में भारी हड़बोंग मची हुई थी। भक्तिमार्ग में सुख, सन्तोष, मनःशान्ति और अन्य उपाय खोजने के लिए आये हुए, सभी जातियों और सभी वर्गों के सारे व्यवहारमार्गी लोग...किसी की चप्पल खो गयी थी, किसी के बच्चे घबराकर रो रहे थे, कुछ एक-दूसरे से खो गये थे तो किसी की जेब कट गयी थी।

और दूसरी ओर पत्थर के बने राजप्रासाद की ऊँची अटारी में बाबा की गेरुई, नारी-जैसी दीखने वाली अकेली मूर्ति बार-बार हाथ उठाकर भक्तों पर कृपा की बौछार करती हुई खड़ी थी।

शाबाश! आगे बढ़ो!

पिछले बुधवार को बम्बई के एक उपनगर कालिना में एक अजीब-सी प्रतियोगिता आयोजित की गयी थी। ऐसी प्रतियोगिता बिरली ही होती है। यह प्रतियोगिता पुरुषविहीन थी। इसमें सिर्फ़ महिलाओं ने ही मोटरगाड़ियाँ चलायीं और श्रीमती मृणालिनी हेगड़े को पुरस्कृत किया गया। उन्होंने इक्यावनवाँ क्रमांक प्राप्त कर लिया था। मैं मृणालिनी देवी को हार्दिक बधाई देता हूँ। अब सड़क पर पैदल चलने वालों को कम-से-कम उनसे तो कोई ख़तरा नहीं है।

बुधवार के दिन बड़े तड़के, पौ फटने से पहले से ही, अन्य समय पर सुनसान रहने वाले कालिना के मैदान की ओर प्रतियोगी महिलाओं, उनकी मोटरगाड़ियों, पत्नियों, प्रियतमों, मित्रों, रिश्तेदारों, सहेलियों, व्यंजनों से भरी बड़ी-बड़ी टोकरियों, बालकों, कुत्तों, थर्मसों आदि का लम्बा ताँता लगा हुआ था। बात की बात में मैदान रंगों और सुगन्धों से पट गया। मिस मथाना, मिस डिसा, मिसेज़ दस्तुर, मिसेज़ घास वाला, मिसेज़ जया सिंघानी, मिस पोचखान वाला, मिसेज़ कपाड़िया, ये सभी महिलाएँ जब मोटरें चलाती हैं तो राहगीरों को सावधान रहना पड़ता है। जब हम बस के लिए तड़पते रहते हैं, तब ये बड़ी शान से हमारे पास से, 'फुर' से निकल जाती हैं। इनमें से कुछ गृहिणियाँ, कुछ अधिकारी, कुछ डॉक्टर, कुछ बड़े घर की कालिज-कन्याएँ थीं, तो कुछ साठ वर्ष तक की फैशनपरस्त दादियाँ या नानियाँ थीं। किसी के पास फियेट, तो किसी की एंबेसडर, किसी की हेराल्ड, तो किसी की चमकीली प्युगाट गाड़ी थी। प्रतियोगिता के समय तक पौने दो सौ से अधिक चित्र-विचित्र, विभिन्न आकारों और रंगों वाले 'रथ' अपनी कमसिन सारथिनों के साथ मैदान में आ डटे और वह मुर्दा दिल मैदान एक विलोभनीय कुरुक्षेत्र में बदल गया। एक ओर बैरी जैसे प्रतीत होने वाले, प्रतियोगिता के पुरुष पंच थे तो दूसरी ओर आत्मीयता से 'बकप', 'चिरिओ', 'शाबाश', 'आगे बढ़ो' की शुभ कामनाएँ देते हुए, हाथ हिलाने वाले रिश्तेदार, मित्र, प्रियतम, पति आदि स्वजन खड़े थे। उनके बीचों-बीच खड़ी थी

कोई केटी, सिंथिया, पुष्पा, सिलू या पिलू। सामने प्रतियोगिता के नाम पर बनायी गयी बाधाएँ और अवरोध देखकर प्रतियोगी महिलाएँ पार्थ की तरह विमूढ़ हो रही थीं और अपने-अपने रथ में दाँतों से रूमाल कुतर रही थीं या धीरज बनाये रखने वाली टिकिया निगल रही थीं।

प्रतियोगियों की भीड़ होने के कारण प्रतियोगिता ठीक डेढ़ घण्टा देर से शुरू हुई। प्रेम की प्रतियोगिता की तरह इसका भी मार्ग टेढ़ा-मेढ़ा और उल्टा-सीधा रखा गया था—पहले मोड़ पार करते हुए पीछे-पीछे जाना और फिर से सीधे दौड़ना। प्रतियोगी महिलाओं को चेतावनी दी गयी थी कि गलत मोड़ लेने या दोनों ओर रखे हुए पीपों में से किसी पीपे को छूने पर भी नम्बर काटे जायेंगे। फिर 'रथों' के एक-एक दल को प्रतियोगिता में उतारा जाने लगा।

कइयों की राय में यह और एक पुरुषी क्रूरता रही होगी, जो अन्य समय पर सारथ्य करते वक़्त पिछले, अगले और दोनों ओर के चल-अचल, सजीव-निर्जीव वस्तुओं को धक्के दिये बिना और ठोकर लगाये बिना सीधे सड़क पर चल नहीं सकतीं, उन कामिनियों पर ऐसे टेढ़े नियमों का बोझ लादना क्रूरता नहीं तो और क्या है?

लेकिन प्रतियोगिनियों ने भी कच्ची गोलियाँ नहीं खेली थीं। लगभग साढ़े तीन घण्टों तक मैदान में एक ही घर-घर और हुल्लड़ मचाती रही। गला फाड़कर चिल्लाते रहने से कई पतियों की बोलती बन्द हो गयी, कई प्रियतमों के कण्ठ सूख गये, मित्रों-सखियों के गले बैठ गये और बार-बार उछलने-कूदने से नौकरों और कुत्तों के पाँव जवाब दे गये। पर 'मोटर-बालाओं' ने कमाल कर दिया। असफला, रथ या 'हेयरडू' की रत्ती भर परवाह न करके, जी कड़ा कर, वे 'बेतहाशा दौड़ीं'। नारी-हृदय की तरह ही पल-पल बेकाबू और स्वच्छन्द होने वाले 'रथ' के शरारती चक्कों का निश्चयपूर्वक नियन्त्रण उन्होंने उसी तरह किया जिस तरह वे अपने पतियों का, आवेश और पराकाष्ठा से नियन्त्रण करती हैं। थोड़ी अत्युक्ति करके यह कहा जा सकता है कि कई पीपे लुढ़क गये, कई घसीटे गये, कई लचक गये तो कई फूल गये। नम्बरों की छँटाई को तो गिनना सम्भव ही नहीं था।

हर पति दूसरे पति को हर प्रियतम दूसरे प्रियतम को बता रहा था कि ऐसी प्रतियोगिता कभी नहीं हुई।

श्रीमती हेगड़े इक्यावनवें स्थान पर आयीं। उन्हें विशेष पुरस्कार दिया गया।

पहले पचास को कुछ नहीं मिला, लेकिन उनकी अन्तिम प्रतियोगिता कल इतवार को होने वाली है। यह 'दौड़' अस्सी मील की है। नागरिकों को चाहिए कि वे कल इस प्रतियोगिता के क्षेत्र में कदम न रखें। यह प्रतियोगिता जीतने वाली

'मोटरबाला' को पैरिस की मुफ्त सैर करायी जायेगी। मिसेज़ रंगा वाला, बकप! मिस बिलिमोरिया, मिस आलिमचंदानी, मिसेज़ चिनाय, मिस दाराशा, बेस्ट ऑफ लक! मिसेज़ रेखा भंडारे, बकप! बकप! आगे बढ़िए। आप पर ही कल महाराष्ट्र के पूरे नारी समाज का दारोमदार है। अब यह सिद्ध करना आपका काम है कि रसोई और नौकरी की तरह, महाराष्ट्र की नारी प्रतियोगिता में भी आगे है और पैरिस की मुफ्त सैर भी कर सकती है। मिस्टर भंडारे चिअरप, शाबाश!

सपने

परसों एक नाटक का पहला प्रयोग देखने गया था। तीसरे अंक के अन्त में एक सन्तानहीन, धनवान, खूबसूरत दम्पती, अपने जीवन में जल्द ही एक बच्चे का आगमन होने का समाचार पाकर, अपने जीवन की एक बहुत बड़ी कमी की पूर्ति की खुशी में, अपने घर में एक-दूसरे के पास बैठे, भविष्य के सुन्दर सपने देखते हुए, हँसा-गा रहे थे कि मंच के पर्दा उठाने और गिराने वाले व्यक्ति ने कल दबाई और उस सुन्दर दृश्य पर रवीन्द्र नाट्यमन्दिर के मोटे मखमली पर्दे ने मानो दुष्टता से धावा बोल दिया। वह दृश्य वास्तविक न होकर भले ही नाटकीय हो, पर एक मर्मस्पर्शी सुख पर पानी फिर गया। थियेटर में दीयों की तेज़ रोशनी फैल गयी। रंगमंच के सुख से तादात्म्य हुए दर्शक कुर्सी-कुर्सी के दुखों, परेशानियों, कमियों समेत बाल बच्चों को गोद में या हाथों में लेकर उठे और भारी कदम उठाते हुए लेकिन हलके मन से घर की राह चलने लगे। उनमें से अधिकांश लोगों की केवल परिकल्पित समृद्धि में जीने वाले, एक सुन्दर बँगले में रहने वाले, परिकथा से बाहर आये हुए-से लगने वाले नायक-नायिका ने उनके जीवन की गद्य समस्याओं, रूखे दैनिक अनुभवों और सन्तानहीनता की बड़ी पीड़ा को भोगा था। इनसे सम्बन्धित अपने मनोवेग और सिसकियाँ उन्होंने लयबद्ध काव्य में दर्शकों को यों सुनायी थीं जैसे उनसे कनबतियाँ की हों। उन्होंने दर्शकों को हँसाया था, थोड़ा-सा रुलाया भी था और अन्त में उन बेचारों की सन्तानहीनता की असाधारण पीड़ा जादू की तरह दूर हो गयी थी। इस प्रकार के चमत्कार नाटकों में तो होते ही रहते हैं और आगे भी होते रहेंगे, यह कुर्सी-कुर्सी के दर्शकों को कितना बड़ा दिलासा था। इसीलिए तो मन हलके हो गये थे, परन्तु यथार्थ में ऐसा कुछ नहीं होने वाला था और यथार्थ में न तो वह नाटक का गुलगुला काव्य था, न बराबर हँसी की फुलझड़ियाँ छोड़ने वाले लोग थे, न ही वैसी व्यावहारिक परेशानियों से मुक्त समृद्धि थी और चमत्कारों की सम्भावना तो अपवादात्मक रूप से ही थी। इसलिए हर एक के क़दमों में

भारीपन था। जीवन अन्त में ज्यों-का-त्यों था—काव्यहीन, रूखा, अभावग्रस्त, राशन की कतारों, लेनदारों, बीमारियों, झगड़ों-फसादों, असन्तोष से भरा हुआ, घड़ी के काँटों के साथ घसीटा जाने वाला। पर मज़े की बात यह कि नाटक के उस सुन्दर घर में घड़ी का नामोनिशान तक न था। उस घर के किसी भी व्यक्ति ने भूलकर भी घड़ी को देख कपड़े पहनकर कार्यालय की राह नहीं पकड़ी थी। लगता था, जैसे समय ने उस नाटक में मुद्दती छुट्टी ली थी। थिएटर में बैठे हुए वे गृहस्थी, सामान्य जीव प्रवेशद्वार से धीरे-धीरे राह निकालते हुए जल्दी-जल्दी से यों निकल गये जैसे किसी ने उनको झकझोरकर रंगमंच के स्वप्न रंजन से बाहर निकाला हो। नाटक वालों के हितैषी, सम्बन्धी, चहेते, मित्र आदि थिएटर में ही रुके हुए थे। कुछ लोग बाहर के कॉरिडार में खड़े-खड़े प्रयोग के बारे में चर्चा कर रहे थे। कुछ लोग मेकप रूम में जाकर रंगमंच के स्वप्नरंजन का रंग उतारकर रखने वाले कलाकारों से मिले। कुछ देर तक, अन्दर और बाहर, नाटक के गुण-दोषों की चर्चा की जाती रही। उस निमित्त उसके काव्य, सुन्दर बँगले के सैट और हास्यरस की सराहना को दोहराया जा रहा था, यादों से मुख उजले हो रहे थे, मन की कलियाँ खिल रही थीं।

कुछ समय बीता और यह भीड़ भी धीरे-धीरे, विवशता से, थिएटर के बाहर आने लगी जैसे उसे किसी ने ज़बरदस्ती से बाहर निकाला हो। फिर लोग हमारी-आपकी तरह, नाटक के बाहर की बातें करने लगे। वे बातें घरेलू, मामूली, बिल्कुल व्यावहारिक थीं, उनमें वादे थे, तारीखें थीं और समय था। चेहरे रूखे और गम्भीर थे।

इन लोगों के जाने के बाद, उधर नाटक के सुखी दम्पती पर पड़ा हुआ पर्दा फिर से कल दबाकर उठाया गया। अब वहाँ सुखी दम्पती नहीं थे। वे दोनों थिएटर के बाहर आकर अलग-अलग राहों से जल्दी-जल्दी यों चले गये जैसे उनका एक-दूसरे से कोई भी सम्बन्ध न हो। रंगमंच का वह घोंसला उजड़ गया। फिर सात-आठ लोगों ने आकर बड़ी तेज़ी से वह घोंसला तोड़ दिया, उसके टुकड़े बटोरे, उसमें रखी गयी वस्तुएँ इकट्ठा कीं और वह सुन्दर घोंसला बनाने वाले, रचने वाले और तोड़ने वाले, पर्दे के पीछे रहने वाले श्रमजीवी प्राणी मैले, फटे हुए कपड़े पहनकर अपने-अपने घर चले गये।

थिएटर के दीये एक-एक कर बुझाये जाने लगे—पहले अन्दर के, फिर बाहर के और अन्त में रंगमंच के। देखते-देखते वह वस्तु उजाड़ होती भयावह दिखने लगी—भूत-बँगले जैसी। उसमें लगाया हुआ वह कवीन्द्र रवीन्द्र का अकेला पुतला सर्वस्व खोये हुए वृद्ध की तरह पथरीली मुद्रा से अँधेरे में बैठा रहा।

मैं भी भारी क़दमों से काँच के महाद्वार से बाहर आया। सोच रहा था, यह कितना बुरा है कि सभी सपनों का अन्त इसी तरह होता है।

फिर याद आया, कल फिर नया सपना खिलने वाला, रंगने वाला ही था। रोज़ रात में यही सिलसिला चलने वाला था। सपने समाप्त होने वाले नहीं थे, कभी भी समाप्त होने वाले नहीं थे। इस विचार से मन की बेचैनी कम हो गयी।

चूहा

एक होता है चूहा—एकदम छोटा, बड़ा चुलबुला, गड़बड़िया। है तो वह मासूम, पर उसे कोई चुप बैठने नहीं देता। सारी दुनिया, विशेषकर चलती-फिरती भारी वस्तुएँ जाने-अनजाने जैसे उसकी जान की गाहक बनी हुई होती हैं। उनमें से एक वस्तु तो उसका सदा पीछा करती है—बिल्ली। इससे उसे घड़ी-घड़ी इधर से उधर, उधर से इधर, नीचे से ऊपर, ऊपर से नीचे भागदौड़ करनी पड़ती है और ऐसा करते हुए वह जाने कहाँ-कहाँ, किस-किस में गिर पड़ता है, लड़खड़ाता है, गोते लगाता है और फँस जाता है। धड़धड़ाते इंजन उसके शरीर को रौंदकर चले जाते हैं, मोटरगाड़ियाँ उस पर से सरपट दौड़ती हुई निकल जाती हैं, मोटे आदमी उस पर बैठ जाते हैं, बड़ी-बड़ी चट्टानें उस पर गिर पड़ती हैं, बाढ़ें आती हैं—ऐसी अनगिनत जानलेवा मुसीबतें! तिस पर फैली हुई मूँछों तथा फूली हुई नाक वाली और गुर्राते हुए, पूँछ फैलाकर हमेशा उसे निगलने के लिए तत्पर बदमाश बिल्ली! इस छोटे से लुभावने चूहे पर एक के पीछे एक संकटों के पहाड़ टूट पड़ते हैं, फिर भी यह छोटा-सा जीव जीवित रहता है। इनमें से कोई भी संकट उसे नष्ट नहीं कर सकता, उलटे वे संकट की वस्तुएँ ही नष्ट हो जाती हैं—कम-से-कम वे टूट-फूट तो जाती ही हैं। उस दुष्ट बिल्ली की नाक धड़ाम-से बन्द किये गये दरवाज़ों के बीच फँसकर हरी-नीली, सुर्ख हो जाती है, उसकी पूँछ स्प्रिंग की तरह एक मील तक खिंच जाती है और देखते-देखते बिल्ली धड़ाम से दीवार या पेड़ से टकरा जाती है और थोड़ी देर तक उसके पिछले आधे बदन का आकार हवा भरकर फोड़ी गयी काग़ज़ की थैली जैसा हो जाता है। कभी उसकी गर्दन टूटे मटके के मुख में फँसकर बिल्ली के बदले चार पाँवों वाला टूटा मटका ही परेशान होकर इधर-उधर दौड़ता नज़र आता है, तो कभी बिल्ली एक पाँव बैंडेज कर गले में लटकाकर सूजी हुई आँख से मोटे-मोटे आँसू बहाते हुए नज़र आती है, लेकिन चूहा नष्ट नहीं होता, वह जीने के लिए दिन-रात जी-जान से लड़ता है और जीवित रहता है। यदि उसकी पूँछ टूट जाये तो हमारे देखते-देखते नयी

उग आती है। मोटरगाड़ी के चक्कों के नीचे कुचले जाकर धराशायी होने पर, हमें लगता है, अरे ये, मर गया बेचारा! लेकिन नहीं। मोटरगाड़ी के आगे बढ़ते ही हमारा यह दोस्त ऐसा दौड़ने लगता है, जैसे वह बहुत व्यस्त हो। ठीक ही है, बिल्ली जो उसका पीछा कर रही होती है। जीने की झंझट में मरने की भी फुर्सत नहीं! हर पल भाग-दौड़!

कौन है यह चूहा? उसे मिकी माउस कहा जाता है। वह था तो चूहा, पर उसकी आँखें सपने देखने वाले कवि की आँखें थीं। उन आँखों में उसकी जीने की तमन्ना साफ़-साफ़ झलकती थी। वे आँखें कभी उदास, हतोत्साहित, थकी-माँदी नहीं होती थीं। वे आँखें हमेशा मुस्काती होती थीं। उनमें अपनी छोटी शक्ति के अनुसार, छोटेपन का ही लाभ उठाकर बड़े-बड़े संकटों पर विजय पाने का आनन्द बार-बार नाचता-झूमता दिखायी देता था। वे आँखें शिशु की तरह सोती थीं, खुफिया पुलिस की तरह संकटों का पीछा करती थीं। भागते-दौड़ते समय उस बित्ते भर के अमर शरीर में व्याप्त पूरे प्राण मानो उन आँखों में आ सिमटते। लगता था, चूहे की आँखें होने की अपेक्षा आँखों में ही एक चूहा समाया हुआ है।

और उसके हमेशा खड़े रहने वाले कान! बढ़िया से बढ़िया रेडियो एरियल जैसे तेज़! संकट चाहे जितना दूर हो, वह ठीक इन कानों में घुस आता। उसकी फुरफुराने वाली नाक हमेशा बिल्ली की गन्ध को टटोलती रहती। और वह लम्बी पूँछ! संकट की आहट मिलते ही एकदम खड़ी होकर मानो स्वयं ही विचारमग्न हो जाती, जल्दी-जल्दी में आगामी नीति तय करती—और चीमड़ ऐसी कि लाख खींचने, गाँठ लगाने, ऐंठने पर भी चंगुल से छूटते ही तुरन्त पहले जैसी तैयार! टूटने पर भी झट से फिर बढ़ जाती।

इस चूहे को रुपहले पर्दे पर देखते-देखते हम बच्चे कब बड़े हो गये, इसका पता ही नहीं चला। दुनिया भर की एक पीढ़ी इस चूहे को देखते-देखते, उसकी अजीब लीलाओं को देख हँसते-हँसते, उसके जीवन के प्रति अपार प्रेम के संस्कारों को ग्रहण करते हुए बड़ी हुई। अब हम जब कभी अंग्रेज़ी फ़िल्म देखने जाते हैं तो आरम्भ में दिखायी जाने वाली छोटी-छोटी फ़िल्मों में कभी तोता, कभी बिल्ली, तो कभी कुत्ता या अन्य प्राणी देखने को मिलते हैं। वे भी हमें हँसाते हैं, आनन्द देते हैं, क्योंकि वे भी जीवन से अपार प्रेम करने वाले मिकी नामक चूहे की अनगिनत फ़िल्मों से प्रेरित होते हैं, लेकिन उस छोटे जीव के चहेते हम जैसे बड़ी उम्र वाले, पुराने अनगिनत दर्शक यही मानते हैं कि चाहे जितने नये प्राणी पर्दे पर आ जायें, पर मिकी की बराबरी कोई नहीं कर सकता। इस मिकी के जन्मदाता ने डोनाल्ड जैसे बत्तख को जन्म दिया, टिमकन्या जैसे परीकथाओं पर

आधारित अद्‌भुत, स्वर्गसमान चलचित्र हमें दिये। उनका नाम है वाल्ट डिस्ने। फिर भी, भयंकर से भयंकर संकटों से, देखते-देखते उबर जाने वाला मिकी हमारे मन से बाहर नहीं जा पाया, वह सदा के लिए वहाँ क़ैद है।

ये सारी बातें इसलिए याद आयीं कि मिकी के जन्मदाता के स्वर्ग सिधारने की ख़बर पढ़ी। जानलेवा संकट में पूरी तरह फँस जाने पर भी उससे बचकर नयी भाग-दौड़ के लिए तुरन्त दौड़ते चले जाने वाले मिकी के जन्मदाता के एक जानलेवा संकट ने प्राण ले लिए। वे मिकी की तरह तुरन्त बचकर नयी फ़िल्म बनाने नहीं दौड़ सके। अपनी रचना को उन्होंने अमर कर दिया, पर उन्हें खुद को तो जाना ही पड़ा।

लेकिन उन्होंने हमें मिकी दिया और उसके रूप में हमें इस धरती की सभी सुन्दर, लुभावनी चीज़ों से प्रेम करना सिखाया, उनके लिए झगड़ना और कोशिश करना सिखाया। उन्होंने हमें यही सीख दी कि छोटी शक्ति वाले जीव भी इस विशाल जीवन-संग्राम में टिके रह सकते हैं और उन्हें टिके रहने का पूरा अधिकार है।

शोक

हम हमेशा सुनते हैं कि कला के क्षेत्र में विचरने वाले लोग बड़े भावुक होते हैं; पर कई बार इन लोगों में व्यावहारिकता और भावुकता का बड़ा अनोखा मेल पाया जाता है। उसे देखकर इन कलाकारों के कलाकार को, हाड़-मांस की सजीव प्रतिमाएँ गढ़ने वाले उस अदृश्य को प्रणाम करने की इच्छा होती है।

आपको इसका एक उदाहरण बताऊँ। हमारी हिन्दी फ़िल्मी दुनिया की एक ज्येष्ठ अभिनेत्री हैं। वे कला के क्षेत्र में जितनी बुलन्द हैं, उतनी ही अपने वैयक्तिक जीवन में सनकी, आत्मकेन्द्रित और सर्वेसर्वा होने के साथ-साथ बड़ी भावुक हैं। अपने जीवन में उन्होंने कई पुरुषों को अपना जीवनसाथी बनाया और छोड़ दिया। जब तक कोई जीवनसाथी उनके साथ रहा, तब तक उन्होंने उससे बड़ा प्रेम किया और उसके जाते ही, दूसरे जीवनसाथी से भी उतना ही उत्कट प्रेम! कभी-कभी सभी भूतपूर्व और वर्तमान जीवनसाथियों को आमन्त्रित कर, उन्हें अपने हाथ से बनाये हुए व्यंजन खिलाना उन्हें बड़ा अच्छा लगता है। ऐसे समय में वे बहुत प्रसन्न होती हैं।

इन देवीजी का एक जीवनसाथी कुछ वर्षों पहले स्वर्गवासी हो गया। यह वह जीवनसाथी था जिसने उस समय देवीजी जी का साथ दिया था, जब वे गरीबी और भुखमरी से संघर्ष कर रही थीं। वह उमर में उससे दुगुना बड़ा था और साथ ही था बड़ा व्यसनी! फिर भी देवीजी उस पर जान छिड़कती थीं। वे समझती थीं कि उसी के कारण उन्हें अच्छे दिन नसीब हुए। कई दुर्धर रोगों के कारण उसका शरीर अस्थिपंजर बन गया था, फिर भी देवीजी ने उसका साथ नहीं छोड़ा और वे उसकी आखिरी दम तक तीमारदारी करती रहीं। उसके लिए उन्होंने डॉक्टरों पर हज़ारों रुपये न्योछावर कर दिये और जब देहावसान हुआ, तब उन्होंने शोक से सीना पीट लिया। इस बीच उनके तीन-चार नये जीवनसाथी बने और उन्हें छोड़कर चलते बने थे, पर आज भी देवीजी उन व्यसनी जीवनसाथी के स्मरण से शोकग्रस्त रहती हैं। उनके शोक का यह नमूना देखिए।

एक बार उनके घर में दो-तीन दिग्दर्शक, एक-दो मुंशी, सहायक दिग्दर्शक, निर्माता और अन्य एक-दो जन जमा हुए थे। इस जमघट में भी देवीजी अपने व्यावसायिक सम्बन्धों को भली-भाँति निभाने की चेष्टा कर रही थीं। एक ओर वे अपने नौकरों को, हिन्दी-उर्दू की गालियों का प्रयोग करके आदेश दे रही थीं, साथ ही, दूसरी ओर यह भी देख रही थीं कि उनके लाड़ले कुत्ते और तोते की ठीक से देखभाल की जा रही है या नहीं! इस माहौल में वे थोड़ा-सा समय निकालकर टेलीफ़ोन से प्रेमालाप भी करती थीं। इसमें से किसी भी बात में छिपाव-दुराव नहीं था, सारी बातें खुल्लम-खुल्ला थीं। इसी समय एक फ़िल्मी कहानी की भी चर्चा हो रही थी।

चाय आयी। साथ में बिस्कुट भी थे। सभी मेहमान चाय बिस्कुट का स्वाद चखने लगे। देवीजी भी उनमें शामिल हो गयीं, पर अचानक, बीच ही में, उनका कौर गले में अटक गया, आँखों में पानी भर आया, जी छटपटाने लगा और वे फूट-फूटकर रोने लगीं—एक बालिका की तरह ज़ोर-ज़ोर से रोने लगीं। इससे आगन्तुक चकित हो उठे और चकराये। चाय की प्यालियाँ धरी-की-धरी रह गयीं। देवी जी रोये जा रही थीं। किसी ने उनसे पूछा, 'क्या हुआ?' देवीजी रोते हुए, हाथ का बिस्कुट दिखाते हुए बोलीं, 'मेरे 'लाला' को ये बिस्कुट बहुत पसन्द थे।' यह लाला था उनका प्रथम व्यसनी, परलोकवासी जीवनसाथी!

देवीजी रो रही थीं। मेहमान देख रहे थे। इतने में वहाँ आकर ठहरा हुआ उनका एक नौकर उनका कोपभाजन बना। देवीजी के मुख से गालियों की बौछार होने लगी। वे उसकी 'माँ-बहन' का उद्धार करने लगीं। वह बेचारा भीतर चला गया। उसे गालियाँ देते-देते वे रोते हुए अपने 'लाला' का तल्लीनता से गुणगान करने लगीं। वहाँ बैठे हुए लोग सुन रहे थे। वे बेचारे बिस्कुट भी नहीं खा पा रहे थे। इतने में देवीजी वहाँ पर उपस्थित एक निर्माता की ओर मुखातिब हुईं और उन्होंने उसे उनके कॉन्ट्रेक्ट की देय राशि का स्मरण दिलाकर चुनी हुई 'उक्तियाँ' सुनायीं और उन 'उक्तियों' के साथ ही वे 'लाला' का गुणगान भी करने लगीं और उनके आपसी अद्‌भुत प्रेम का बखान भी। तभी कहीं से फ़ोन आ गया। फ़ोन पर उन्होंने किसी को कोई समय दिया और वापस अपने स्थान पर आते समय अपने कुत्ते को चार धौल और लातें जमाकर उसके प्रति अपना प्रेम प्रकट किया। अपने स्थान पर बैठते ही उन्हें फिर से सिसकियाँ फूट पड़ीं। सिसकते हुए वे नौकर को बिस्कुट लेकर बाहर की ओर चलने के लिए बोलीं। फिर देवीजी, नौकर, बिस्कुट और उपस्थित लोग—सभी बाहर आ गये और 'लाला' के नाम से वे बिस्कुट कौओं को खिलाने का कार्यक्रम शुरू हुआ। देवीजी 'आ-आ' कहकर

कौओं को बुलाने लगीं, नौकर भी 'आ-आ' चिल्लाने लगे, उपस्थितों ने भी 'आ-आ' की सामूहिक हाँक लगायी। पर, लाख कोशिश करने पर भी कौए नहीं आये। वे इस शोरगुल से ऊपर ही ऊपर मँडराते रहे। फिर देवीजी की यह 'आ-आ' की ध्वनि रुक गयी और वे जल्दी-जल्दी घर में घुस पड़ीं। उन्होंने कपड़े बदले और कोई मादक सुगन्धित सेण्ट लगाया और गैराज की ओर लपकीं। गैराज से जल्दी-जल्दी गाड़ी निकाली और वे फुर्र से उड़ गयीं—शायद उन पर लट्टू किसी धनी सेठ का स्मरण उनको हो आया। वे किसी पर कतई लट्टू नहीं होतीं, वे तो जिस पर लट्टू होती हैं, वह खाली जेब वाला, उनसे उमर में आधा कोई युवक उनके दरवाज़े पर आकर उनकी प्रतीक्षा में खड़ा रहता है।

आँगन में बिस्कुट वैसे ही बिखरे पड़े थे। कुछ देर बाद देवीजी की ऊँची कार घरघराती हुई उन बिस्कुटों को रौंदकर गैराज में चली गयी।

यह है कलाकार देवीजी की कथा और उनकी भावुकता का नमूना। यह बात है सोलहों आने सच्ची, पर दुनिया से निराली!

मदारी

मेरी बाल सखी बहुत दिनों बाद, दौड़ती हुई, मुझसे मिलने मेरे घर में घुसी। इस भागदौड़ में सूखे फ़र्श पर उसका पैर फिसल गया और वह सीधे मेरे चरणों में लोट गयी। फिर उठकर अपना फ्रॉक झटकते हुए हाँफती हुई बोली, 'चाचाजी, अब पहचानिये।'

मैंने पूछा, 'क्या पहचानूँ?'

थोड़ी देर तक कोशिश कर वह बोली, 'मेरे मन की बात!'

मैंने अपनी हार मान ली। उसे बोलती करने का यही एक मार्ग मुझे ज्ञात था। वह तालियाँ पीटते हुए बोली, 'कल हमने एक मदारी को देखा। वह रो रहा था।'

मदारी! और रो रहा था? मैं जानता था कि कभी-कभी यह लड़की मनगढ़ंत बातें बनाती है। इसलिए मैंने कहा, 'झूठ!'

वह थोड़ी-सी झेंपकर, पर निश्छलता से बोली, 'झूठ नहीं, बिल्कुल सच है, चाचाजी! कसम से, मदारी एकदम उस सामने वाली आशु की तरह 'क्राइ' कर रहा था।'

अब आप ही सोचिये, काला-कलूटा, पत्थर की तरह सख्त और मज़बूत चमड़े जैसे पेट वाला, लाल-लाल आँखों वाला, उग्र दिखायी देने वाला, मूँछों वाला मदारी, जिसे देखकर दिन में भी डर लगता है, 'क्राइ' करता है याने रोता है, यह कैसे सम्भव है? मुझे उसके कथन पर अभी तक सन्देह था, इसलिए मैंने पूछा, 'तुमने कहाँ देखा उसे?'

वह बोली, 'कल हम स्कूल से आ रहे थे, तब वह इस मकान के सामने वाली सड़क पर दिखायी दिया।'

मैंने पूछा, 'वह क्यों रो रहा था?'

वह बोली, 'उसका बन्दर भाग गया था।'

मैं सोचने लगा, बन्दर के भाग जाने पर मदारी रोता है और सामने वाली आशु की तरह 'क्राइ' करता है!

मेरी जिज्ञासा जाग्रत होते देखकर मेरी बाल सखी नाट्यमय हाव-भाव से बोली, 'चाचाजी, मदारी के इर्द-गिर्द अच्छी-खासी भीड़ जमा हो गयी थी और उसका बन्दर बैठा था हमारे इस मकान की छत पर! लोग उसे बुला रहे थे, पर वह आने को तैयार नहीं था। वह नाक और पेट खुजलाता। एक बार तो उसने श्रीमती नाडकर्णी की अटारी पर सुखाने के लिए रखी हुई बड़ियाँ चद्दर के साथ नीचे फेंक दीं। लोग उसकी ओर दौड़ते तो वह और ऊँचा जा बैठता। उसके बदन पर कोट और पैण्ट भी था—हमारे डैडी की तरह! इससे वह एकदम 'मैन' दिखायी देता था—सिर्फ़ पूँछ को छोड़कर। लाख कोशिश करने पर भी वह नीचे नहीं आ रहा था। लोग जमा हुए थे और मदारी रो रहा था—सामने वाली आशु जैसा! है न मज़े की बात, चाचाजी?'

मैंने उसकी सराहना की, तो वह प्रसन्न होकर दौड़ती हुई अपने घर चली गयी।

लेकिन मैं उसकी चहल-पहल, उसका निरंकुश उत्साह और आनन्द समझ सका। बन्दर का आज़ाद हो जाना और मदारी का पाल्थी मारकर ज़ोर-ज़ोर से रोना—यह कल्पना ही बड़ी अजीब है। वास्तव में, मदारी बन्दर को डमरू के ताल पर मनमाने ढंग से नचाता है और उससे दर्शकों से पैसे जमा कराता है। बन्दर भी पेट के लिए उसके इशारों पर नाचता है। सभी मदारी यही खेल दिखाते हैं। बन्दर के गले में पक्की रास बँधी हुई होती है और मदारी के हाथ में लम्बी लकड़ी होती है। बन्दर को नाचना ही पड़ता है। सिर्फ़ बन्दर के खेल में ही नहीं, बल्कि सामान्य जीवन के खेल में भी, जिसके गले में गोचर-अगोचर रस्सी बँधी हुई होती है, वह नाचता है और जो रास पकड़े हुए होता है, वह नचाता है, पैसे कमाता है। रास से बँधे हुए बन्दर को मदारी द्वारा दिये गये रूखे-सूखे, बचे-खुचे, बासी खाने पर गुज़ारा करना पड़ता है, अपना पेट भरना पड़ता है। इसके सिवा उस बेचारे के सामने कोई चारा नहीं होता। ऐसी स्थिति में, जब कभी मेरी बाल सखी का वह आँखों देखा हाल हम सुनते हैं, तब हममें से हर एक को पहले तो बड़ी खुशी होती है। हम यही कहते हैं कि हाँ, अच्छा हुआ कि मदारी की शेखी उतर गयी। हम इसलिए खुश होते हैं कि जीवन के खेल में हमारी स्थिति रस्सी से बँधे बन्दर की तरह होती है। उस छोटी बालिका को भी बन्दर की स्वतन्त्रता-प्राप्ति में प्रतीति हुई अपने अनुशासन-बद्ध परिवार में अनुभव किये जाने वाले बन्धनों की। उसे खुशी हुई थी कि कम-से-कम बन्दर तो बन्धनों से मुक्त हो गया। मेरी भी खुशी इसी तरह की थी। रोते हुए मदारी के इर्द-गिर्द जो लोग जमा थे, वे भी इसी कारण से खुश हुए होंगे। पराधीन स्वतन्त्र हो गया था और कर्त्ता स्वामी दीन-हीन बनकर रो रहा था।

पर मैं सोचने लगा—मदारी क्यों रो रहा था? बन्दर तो दूसरा भी मिल सकता है, उसे सिखाया भी जा सकता है, फिर वह तगड़ा-मोटा मदारी बच्चे-जैसा क्यों रो रहा था?

उस विशिष्ट बन्दर को परेशान करते-करते, दर-दर नचाते-नचाते, रोज़ आजीविका के लिए उसे इधर-उधर ले जाते हुए कहीं उस बन्दर से वह सचमुच में प्यार करने तो नहीं लगा था?

आजीविका के साधन से प्यार?

कैसा विचित्र है यह विधि-विधान।

ज़रूरत है ऐसे कामों की

मैं एक जानकारी प्राप्त करना चाहता हूँ। मेरा एक बचपन का साथी है। अब वह कारावास में है। बचपन में वह ज़रूरत से ज़्यादा चालाक था, लेकिन स्वभाव से अच्छा था। उसकी एक मौसी थी। मेरा मित्र हमेशा कहा करता था कि उसकी मौसी अपनी जायदाद उसके नाम कर देने वाली है, लेकिन उसकी मौसी के प्रेम का कभी आभास नहीं मिला। मेरे इस मित्र ने मेरे लिए कई छोटे-छोटे किन्तु अविस्मरणीय काम किये थे। फिर समय के साथ हम एक-दूसरे से बिछड़ गये। हाल ही में वह मुझे मिला तो पहले तो मैं उसे पहचान ही नहीं पाया। उसी ने मुझे टोका। उसकी स्थिति बहुत बुरी थी। उसको फटेहाल देखकर मन में उसे टालने की इच्छा हुई, पर मैं उसे टाल नहीं सका। उसने कहा, 'चलो कुछ खिलाओ!' हम एक होटल में गये। वहाँ उसने बीती हुई अवधि की आप बीती सुनायी। उसकी मौसी ने पूर्व निश्चय के अनुसार अपनी जायदाद उसके नाम नहीं की। तब वह टेढ़ी चाल चलने लगा। उसके कथनानुसार, उसने विश्वासघाती मौसी से बदला लेने के उद्देश्य से उसके घर में बड़ी चोरी की। चोरी के आरोप में उसे जेल भेजा गया। सज़ा के दिन पूरे हो जाने पर वह जेल से छूटा, पर फिर नयी चोरी करके कुछ ही दिनों में फिर जेल गया। उसके बाद वह हाल ही में जेल से मुक्त हुआ था और वह अब फिर से कभी जेल जाना नहीं चाहता था; लेकिन जेल की चारदीवारी से बाहर वह अपने को नितान्त अकेला, पराया, अनजाना महसूस कर रहा था। वह समझ नहीं पा रहा था कि क्या किया जाये, कहाँ जाया जाये। उसने बड़ी आजिज़ी से मुझसे अनुरोध किया कि मैं उसके लिए कुछ करूँ।

मैं समझता हूँ कि मैंने अपनी सीमाओं के अनुसार ईमानदारी से भरसक प्रयास किया, पर वह बहुत ही अपर्याप्त साबित हुआ और मेरा मित्र अब फिर से जेल गया है और अब वह जल्दी बाहर नहीं आयेगा।

इससे मेरा मन बेचैन हो गया है और मैंने तय कर लिया है कि यदि कोई

ऐसी संस्था या अभिकरण हो जो मेरे मित्र जैसे, जेल के बाहर ईमानदारी से जीवनयापन करने की इच्छा वाले मुजरिमों की सहायता करता हो, तो उसकी तलाश की जाये।

इस तलाश में मुझे एक विदेशी संस्था का पता चला है। यह एक क्लब है और उसका नाम है सर्कल क्लब! यह क्लब मॉर्टन स्ट्रीट नामक मार्ग पर है। वास्तव में क्लब होता है सम्पन्न, प्रतिष्ठित लोगों का मिलन-स्थान, लेकिन इस सर्कल क्लब में कारावास भुगतकर आये हुए अपराधियों को आने की खुली छूट है। असल में यह क्लब ऐसे ही लोगों के लिए है और इसमें उनके मनोविनोद, खेल, खाने-पीने और सीमित मात्रा में रहने की सुविधा प्राप्त है। गिब्सन नामक दम्पती इसके प्रवर्तक और संचालक हैं। इस क्लब के ऐसे चालीस हितैषी लोग सदस्य हैं जो कभी जेल नहीं गये हैं और जो प्रतिष्ठा से अपना व्यवसाय कर रहे हैं। जेल की सज़ा भुगतकर, समाज से दूर फेंके गये लोगों को इस क्लब में इन प्रतिष्ठित लोगों से मिलने-जुलने के साथ-साथ उनका स्नेह, सलाह और यथासम्भव सहायता मिल सकती है। कुल मिलाकर, यह क्लब ऐसा वातावरण बनाये रखता है कि अपराधी-वर्ग में शामिल हुए इन लोगों को अन्य साधारण व्यक्तियों जैसे ही, उनकी इच्छानुसार प्रतिष्ठित और अपराधमुक्त जीवन बिताने का अवसर मिले। यहाँ जेल की सज़ा काटकर आये हुए व्यक्ति को बाहर नहीं निकाल दिया जाता और न ही पुलिस के हवाले किया जाता है या उसकी उपेक्षा की जाती है। यहाँ तो उसे सहारा दिया जाता है, सामाजिक जीवन का आनन्द चखाया जाता है।

इस क्लब की रिपोर्ट मेरे हाथ में है। यह रिपोर्ट बड़ी साफ़-साफ़ लिखी हुई है। इसमें लिखा हुआ है—जेल से छूटकर क्लब में आये हुए सारे लोगों के मन में सामान्यतः एक-दूसरे और समाज के प्रति मनमुटाव और कड़वाहट भरी हुई होती है। फिर वे बार-बार क्लब में आते हैं और एक-दूसरे से मिलते-मिलाते हैं, क्योंकि जेल के बाहर का जीवन अकेलेपन और खालीपन के कारण उन्हें दुःसह होता है और उनके सामने फिर जेल जाने के सिवा कोई विकल्प नहीं होता।

रिपोर्ट आगे बताती है कि ऐसा नहीं है कि इस क्लब में आने के बाद ये लोग फिर जेल नहीं जाते; अधिकांश लोग अपने पर काबू न कर पाने से फिर जेल की राह पकड़ते हैं। फिर भी क्लब उन्हें नहीं भूलता। उनसे सम्पर्क किया जाता है, उनकी ज़रूरतों का पता लगाया जाता है, उनकी कठिनाइयाँ जानकर उन्हें यथासम्भव हल किया जाता है। उनसे पत्राचार भी किया जाता है, ताकि उनमें मन में पनपने वाला, सदाचारी जीवन की इच्छा का बीज उखड़ न जाये, जब वे जेल से बाहर आ जायें तो वे जेल न जाकर क्लब की सहायता से जीने

की कोशिश जारी रखें। क्या पता, कभी-न-कभी उन्हें इसमें सफलता मिल भी सकती है। इसके लिए उन्हें सर्कल क्लब के रूप में एक स्थायी और साधिकार अवसर उपलब्ध है।

हज़ारों मील दूर के इस टिमटिमाते हुए दीये को देखकर मेरे मन को धीरज बँधा है, सामने का अन्धकार ज़रा-सा हट गया है। रोज़ बड़ी संख्या में अनगिनत उपक्रम खुलने वाले हमारे देश में क्या ऐसा कोई सरल, मनुष्य की भलाई का कोई उपक्रम है! यदि हो तो, आपसे अनुरोध है कि उसका नाम-पता मुझे सूचित करें।

सॉरी, रांग नम्बर

माफ़ कीजिए, मुझे किसी का ख़ून करने के लिए कहिये, मैं यथासम्भव कोशिश करूँगा, पर मुझे किसी को फ़ोन करने के लिए मत कहिये।

यदि घर में फ़ोन न हो और फ़ोन करने के लिए अपना कोई कार्यालय न हो, तो मुझ जैसे मामूली मनुष्य को इस बम्बई में कितनी तकलीफ़ों का सामना करना पड़ता है, यह तो मुझ-जैसे भुक्तभोगी ही जानते हैं।

उदाहरण के लिए, मान लीजिये कि मुझे किसी रावल के नम्बर पर मिसेज़ धान्दरफले को फ़ोन करना है (क्योंकि मिसेज़ धान्दरफले को अभी तक अपना फ़ोन नहीं मिला है, हालाँकि उन्होंने एक वर्ष पहले क्लेम लगाया है) कि मिस्टर धान्दरफले दिल्ली से आज रात को (मिस्टर धान्दरफले को दिल्ली से रात में ही आना क्यों सुविधाजनक होता है, यह तो विमान कम्पनियाँ ही जानें!) आयेंगे तो कृपा करके उन्हें अमुक-अमुक मैसेज (बम्बई में कोई भी फ़ोन से सन्देश-वन्देश नहीं देता, दिया जाता है मैसेज!) दीजिये; अर्जेंट है, बहुत-बहुत धन्यवाद। कहिये, नया पपी कैसा है, उसका क्या नाम रखा गया है (पपी याने कुत्ते का पिल्ला) आदि-आदि।

यह है मूल 'मास्टर प्लैन' यानी 'योजना'।

जब प्रत्यक्ष रूप से फ़ोन करने की ज़रूरत पड़ती है, तब सबसे पहले याद आते हैं परिचितों के फ़ोन! (क्योंकि वहाँ पैसे नहीं देने पड़ते) हमारे परिचितों के पास फ़ोन हों, यह कैसी रमणीय कल्पना है! इसीलिए मैं हमेशा उन लोगों की ताक में रहता हूँ जिनके यहाँ फ़ोन हैं और जान-बूझकर उनसे परिचय कर लेता हूँ, उन्हें अपने घर चाय पर भी बुलाता हूँ; लेकिन जब फ़ोन करने जाता हूँ तो उसकी तबीयत खराब चल रही होती है। 'नहीं जी, सुबह से ही 'आउट ऑफ ऑर्डर' है। ईश्वर ही जाने क्या हो जाता है फ़ोन को! अपने दोस्तों-परिचितों को फ़ोन देने से तो उकता गये हम!'

यों यह बात है! यानी फ़ोन आउट ऑफ आर्डर हो या न हो, फ़ोनधारक तो

निश्चय ही आउट ऑफ आर्डर होता है—परिचितों को फ़ोन देने से!

अब चलते बनो! कभी ऐसा नहीं हुआ तो दूसरा बड़ा अपशकुन होता है—'एं-गे-ज्ड!' हमारे आसपास मँडराते रहने से उस घर के लोगों के और खड़े रहने से हमारे पाँव दुखने पर भी नम्बर एंगेज्ड ही मिलता है। अन्त में 'खैर, बाद में कोशिश करूँगा' कहते हुए हमें ही चलते बनना पड़ता है।

जब फ़ोन एंगेज्ड नहीं होता, तब उसे एक बुरी लत घेरे हुए होती है—रांग नम्बर की! हम तो बाज आ गये इन रांग नम्बरों से!

अब पब्लिक टेलीफ़ोन का हाल सुनिये। एक फ़िल्म लाइन को छोड़ दिया जाये तो दुनिया में शर्तिया धन गँवाने का इससे बढ़िया कोई भी साधन नहीं होगा। एक-एक बार में फ़ोन के कारण ऐसे पैसे खाऊ यन्त्र में मेरी मेहनत का डेढ़ रुपया गायब हो गया है। ऐसे गायब हुए पैसों का हिसाब लगाया जाये, तो मेरे जीवन के अन्त में टेलीफ़ोन विभाग को कृतज्ञता (यदि हो तो) से किसी विभाग का नामकरण तेन्दुलकर फ़ोन एक्सचेंज करना पड़ेगा।

तिस पर यदि फ़ोन के पास थोड़ी-सी ईमानदारी बची हो तो हमारे और सुनने वाले के बीच या तो भयंकर तूफ़ान जैसी या चाकू-छुरियों पर धार करने वाले यन्त्र के चलने जैसी आवाज़ आती है। बस, सुनायी देते हैं केवल 'सुनायी नहीं देता' ये तीन शब्द! अगर और कोई शब्द सुनायी दे जाये तो गनीमत! या फिर सुनने को मिलता है रेडियो के रूपक जैसा कोई तीसरा ही बेतुका वार्तालाप। कोई 'डार्लिंग', तो कोई इब्राहीम-सेठ या कभी कोई तेज़ी-मन्दी वाला टाटा डिफर्ड की बातें करता है।

पब्लिक टेलीफ़ोन से तंग आकर आप किसी ईरानी होटल में कतार से खड़े हो जाइये। वहाँ पहले से खड़े हुए लोगों को ऊपर बतायी गयी सभी उलझनों का कमोबेश सामना करना पड़ता है। फिर उनके फ़ोन भी विस्तार से यानी ब्योरेवार होते हैं—पेचीदा अपॉइन्टमेंट्स, जटिल आर्थिक समस्याएँ किसी के बिगड़े हुए स्वास्थ्य का छोटी से छोटी बातों का पूरा ब्योरा, देश की वर्तमान राजनीति—और यदि कुछ न हो तो हवा-पानी की बातें। खड़े-खड़े पाँव जवाब देने लगते हैं कि इतने में हमारा नम्बर आता है।

अब सबसे पहले मिस्टर रावल। किस्मत से पहले ही झटके में लग जाता है उनका फ़ोन। किसने उठाया है फ़ोन? शायद उनका नौकर है। अब वह किसी को बुलाने गया है। फिर फ़ोन उठाता है श्री रावल का छोटा बेटा! वह बार-बार यही कहता है—'ममी घर माँ नथी छे।' अरे भाई, हमें तुम्हारी ममी से क्या काम? इतने में कोई वयस्क व्यक्ति उससे फ़ोन ले लेता है। हम कहते हैं, 'प्लीज़, ज़रा

मिसेज़ धान्दरफले को बुलाइये।' तभी धीमे स्वर में साफ़ सुनायी देता है—'साला खाली पीली की मुसीबत' और रिसीवर नीचे दचीक दिया जाता है।

अब मिसेज़ धान्दरफले आयेंगी। शायद उनको बुलाया गया होगा। नौकर बुलाने गया होगा। अब वह मिसेज़ धान्दरफले को...बस, कल्पना करते रहिये। हर क्षण युग की तरह बीतता जाता है और पीछे कतार लम्बी होती जाती है। सभी प्रतीक्षकों के चेहरों पर सात्विक उद्वेग और घोर अन्याय की यातना है। ईरानी लाल-लाल आँखों से घूरता हुआ गुर्राता है—'जल्दी करो।' हालत बिगड़ती जाती है, फिर भी मिसेज़ धान्दरफले नहीं आतीं।

अन्त में वे आ जाती हैं।

'हैलो...अ...।'

'बस करो, तीन मिनट हो गये।' ईरानी हुक्म देता है।

बस, ख़तम! अन्त में मैं मिस्टर धान्दरफले से रात में हवाई अड्डे पर ही मिल लेता हूँ। इससे तो यही आसान है।

आँखें यानी सिर्फ़ आँखें

आपने वह समाचार पढ़ा? नार्वे देश के किसी आदमी ने पाँवों से बरफ़ पर फिसलने वाली पट्टियाँ बाँधकर बड़े-बड़े बर्फ़ीले पहाड़ों-घाटियों से लगभग आठ सौ मील का अखण्ड, लम्बा भ्रमण किया। इसके लिए उसे एक महीना लगा। कभी-कभी तो वह इतनी ऊँचाई पर गया कि हवा के दबाव के कारण उसे साँस लेना भी कठिन हो गया। ठण्ड ऐसी कि खून जम जाये; लेकिन फिर भी उसने अपना भ्रमण पूरा किया और निर्धारित समय में निर्धारित स्थान पर एक अन्तर्राष्ट्रीय संगोष्ठी में उपस्थित रहने पहुँच गया।

यह आदमी पूरी तरह अन्धा था।

पत्रकारों ने उसे घेर लिया। उससे कई प्रश्न पूछे गये? एक ने पूछा, 'आपके इस भ्रमण से क्या लाभ होगा?'

इस पर एरिकसेन नामक उस अन्धे आदमी ने तुरन्त उत्तर दिया, 'मैंने अपने भ्रमण से सिद्ध कर दिया है कि शारीरिक कमियाँ दैवाधीन होती हैं, पर मनुष्य को इससे निराश नहीं होना चाहिए। मनुष्य ऐसी कई कमियों पर अपनी प्रबल इच्छा शक्ति के बल पर विजय प्राप्त कर स्वतन्त्र और मुक्त जीवन जी सकता है।'

पत्रकारों ने पूछा, 'लेकिन इस अन्धेपन से आपको कोई दिक्कत नहीं हुई? बिल्कुल देख न पाने पर भी आप यह भ्रमण कैसे पूरा कर सके?'

इस पर एरिकसेन (बहुधा फूटी आँखों से शून्य में देखते हुए) बोला, 'मुझे आँखें मिल गयी थीं। उस एकल यात्रा में मेरी नाक, मेरे कान, मानो मेरे सारे शरीर को ही दृष्टि मिल गयी थी। यात्रा के हर क्षण में दृष्टियुक्त था। इर्द-गिर्द की सभी वस्तुएँ मुझे आँखों को छोड़ अन्य सभी इन्द्रियों से दिखायी देती थीं! आसपास का प्रकृति का विराट रूप, मार्ग की बाधायें, ख़तरे सब कुछ नज़र आता था मुझे! आप मुझसे पूछिये कि हिमधवल, ऊँचे पर्वत-शिखर, कैसे दिखते हैं, उस प्रदेश में रात कैसे आती और जाती है। मैं बता सकता हूँ कि वहाँ दिन के हर प्रहर का रूप कैसा होता है (मुझे प्रतीत ही नहीं हुआ कि मेरी आँखें नहीं हैं,

उसकी प्रतीति तभी होती थी, जब स्थान-स्थान पर मार्ग दर्शक मुझसे मिलते थे, क्योंकि वे यह मानकर ही मुझसे पेश आते थे कि मैं अन्धा हूँ।'

वे पत्रकार इस जवाब से शायद चकरा गये होंगे, लेकिन एरिकसेन ने जो कुछ कहा, वह मन से कहा होगा। केवल आँखें होने से कोई दृष्टि वाला नहीं होता। हमारी आँखें हैं, लेकिन यह नहीं कहा जा सकता कि हमारे पास दृष्टि भी है। इसके विपरीत एरिकसेन जैसे अन्धे दृष्टियुक्त होते हैं। इसीलिए तो वे हम जैसे आँखों वाले अन्धों की तरह चारदीवारी के तंग दायरे में या एकरस जीवन से न बँधकर नयी दुनिया, नये-नये अनुभव, नयी-नयी बातें देखने के उद्देश्य से देश-देश में, खेतों-जंगलों में अकेले घूमते रहते हैं। अन्धा कौन है—वह, जो अँधेरे में गर्दन फँसाकर जीता है या वह जो रोशनी की खोज में घूमता है, भटकता है।

अब यह लीजिये! मेरे परिचित कई लोग किसी-न-किसी बहाने विदेश जाकर दुनिया घूम आते हैं और आने पर जब उनसे खोद-खोदकर पूछा जाता है, तो वे किताबी, घिसी-पिटी, बेढंगी और रूखी जानकारी के अलावा कुछ कह नहीं पाते। यह सब तो यहाँ बैठे-बैठे भी जाना जा सकता है। फिर इतनी दूर जाकर इन लोगों ने क्या देखा? इसके विपरीत मेरा और एक मित्र है। पर्वतारोहण के शौक के कारण वह एक भारी दुर्घटना का शिकार हो गया और पिछले कई वर्षों से वह कमर के नीचे विकलांग होकर एक ही कमरे में, एक ही पलँग पर दिन-रात पड़ा है। करवट बदलने के लिए भी उसे किसी-न-किसी की सहायता लेनी पड़ती है। जब मैं उससे मिलने जाता हूँ, तो वह प्रसन्न मुद्रा से, मुस्कराकर मेरा स्वागत करता है और ऐसी नयी-नयी, अनोखी बातें प्रभावशाली ढंग से सुनाता है कि दो-तीन घण्टे बीत जाने पर भी पता नहीं चलता कि समय कैसे बीत गया। उसके उस एक कमरे में विश्व की छोटी-छोटी पर नयी, आश्चर्यजनक, मज़ेदार बातों का विवरण उसके पास होता है। वह कमरे के बाहर के विशाल विश्व से समाचार-पत्रों, रेडियो, बातचीत और पुस्तकों के द्वारा कई मज़ेदार, अनुभव सम्पन्न यात्राएँ कर चुका होता है। वह वैज्ञानिक लेखों के आधार से चन्द्र-तारों तक भी पहुँच जाता है और उतने समय के लिए ही क्यों न हो, मुझे ऐसी चैतन्यदायी, सुन्दर दृष्टि प्रदान करता है कि लगता है, उन ढाई-तीन घण्टों में मैं जो देखता हूँ, वह पहले कभी नहीं देखा होता। उससे विदा लेकर बाहर आने पर मैं अन्धे जैसा हो जाता हूँ।

मैं बताऊँ? आँखों का मतलब दृष्टि है ही नहीं। दृष्टि का अर्थ है, इस जगत की छोटी-छोटी बातों के प्रति दुर्दम्य जिज्ञासा, उनसे भिड़ने की तीव्र इच्छा, उनमें मिल जाने की अनवरत चाह!

नार्वे का एरिकसेन इसी दृष्टि की बात कर रहा था, आँखों की नहीं।

वंशवर्धन

परसों मुहर्रम का दिन है। बड़े तड़के ही मेरे दरवाज़े पर दस्तक दी जाती रही। भीतर से पूछा, 'कौन है?' तो कोई जवाब नहीं मिला, पर दस्तक जारी रही। तब मैं समझ गया कि हो न हो, ये ठाकुरद्वार के विट्ठलराव तिनईकर ही होंगे। रात की उमस, दिन की गर्मी, सामने की इमारत की रात-भर बहने वाली टंकी, ऊपर की मंज़िल पर रहने वाली दिघे भाभी के सात बच्चे होने पर भी आठवीं बार के लिए पाँव भारी होने की, मेरी श्रीमतीजी द्वारा दी गयी ख़बर–कई नये-पुराने कारणों से मैं रोज़ की तरह ही परेशान था और विट्ठलराव के चेहरे पर सन्तोष झलक रहा था।

'चाय बनाइए'–उन्होंने इशारों से मेरी पत्नी से कहा। फिर वे मुझे अपनी उसी शब्दहीन भाषा में बोले, 'चारों ओर कैसा आनन्दमय वातावरण है–एकदम मनपसन्द।' मैंने थोड़ी परेशानी से उनकी मूक भाषा में पूछा, 'क्या मनपसन्द है?'

वे बोले, 'हमारे वंशवर्धन का प्रबन्ध कर आया हूँ–कल रात में!' (मुझे वंश शब्द समझाते हुए उन्होंने अपने हाथों से एक के नीचे एक आकार बनाये।)

मैं पसोपेश में पड़ गया। घर में कोई भी बच्चा जीवित न रहने के कारण सन्तानहीन जीवन जीने वाला यह बूढ़ा इस उमर में ऐसा प्रबन्ध कैसे कर सकता है? मेरी प्रश्नवाचक मुद्रा का थोड़ी देर तक निरीक्षण करके विट्ठलराव बोले, 'कल रात एक कार्यक्रम में गया था।' उन्होंने हाव-भाव से गाने-बजाने का अभिनय किया। फिर मुझे और असमंजस में पड़ते देख वे अपनी जेबें टटोलने लगे। एक जेब से उन्होंने एक पुर्जा निकाला और हाव-भाव से कहा, 'वचन दीजिए कि आप इसके बारे में मेरी पत्नी को कुछ नहीं बतायेंगे, क्योंकि यदि वह इसके बारे में जान जाये, तो उसे नाहक दुःख होगा। यों भी वह थोड़ी कम समझदार है।' मैंने वचन दिया–यह जानने के लिए कि आखिर इस बूढ़े ने क्या किया है।

वचन मिलते ही विट्ठलराव ने वह काग़ज़ का पुर्जा मेरे हाथ में थमा दिया। वह एक विज्ञापन था परसों के शनिवार-रविवार को बम्बई के सूर-सिंगार-संसद

द्वारा धोबी तालाब के रंगभवन में आयोजित 'रंसरंग' नामक कार्यक्रम का। मैं समझ नहीं पाया कि इस कार्यक्रम में भाग लेकर विट्ठलराव की वंशवृद्धि कैसे होगी? विट्ठलराव गर्दन टेढ़ी करके बड़े सन्तोष से मेरे भावों को निहार रहे थे। मैंने अपनी हार मानकर उनसे कहा, 'मैं कुछ समझ नहीं पाया। अब आप ही समझाइए।'

तब प्रसन्नता से भरे विट्ठलराव ने बहुत से जटिल हाव-भावों द्वारा बताया कि 'इन कार्यक्रमों में से कल रात वाले दूसरे 'तमाशा-लावणी-पँवाड़े' के कार्यक्रम में गया था। तमाशा के वे नाच, गोलाकार घूमकर बम्बई जाने की बात, वे शरारतें, वे लटके-झटके देखना हमें बहुत भाता है। भले ही कुछ सुनायी न दे, फिर भी उसमें देखने लायक तो बहुत कुछ होता है। हाँ, तो मैं बहुत खुश था और पान खाने के लिए थिएटर के बाहर आया, तो सड़क के किनारे एक आदमी टेबुल-कुर्सी डालकर बैठा था और कुछ लोग कतार में उसके सामने खड़े थे। यह देखने के लिए कि वहाँ क्या है, मैं भी कतार में जा खड़ा हुआ। जब मेरी बारी आयी तो कुर्सी पर बैठे हुए उस भले मानस ने मुझसे कुछ पूछा। मैंने उसे इशारों से बताया कि मैं न तो बोल सकता हूँ और न सुन सकता हूँ। तब उसने मेरे हाथ में दो फॉर्म थमा दिये। उनमें से एक था किसी संगीत सर्कल की सदस्यता का। मैंने तुरन्त वह फॉर्म उसे लौटा दिया। हम लोग ठहरे पेटभरू, मामूली लोग! हमारे पेट में सर्कल तभी पड़ता है, जब भूख लगती है। पर, दूसरा फॉर्म बड़ा अनोखा था।'

'क्या था वह?' आत्यंतिक जिज्ञासा से मैंने उनसे पूछा। तभी मेरी पत्नी चाय ले आयी। विट्ठलराव ने बाकायदा चाय कप से तश्तरी में लेकर 'फुर्ऽऽ' करते हुए चुस्कियाँ ले-लेकर पेट में उँड़ेली। फिर अँगूठा और तर्जनी से मेरी पत्नी को बढ़िया चाय बनाने का प्रमाण-पत्र दिया और फिर मेरी ओर देखकर वे बोले, 'आँखें। वह फॉर्म आँखों के बारे में था। अब भी आप नहीं समझे? अरे भाई, उस फॉर्म में मुझे लिखना था कि मेरे मरने पर मेरी आँखें किसी 'आई बैंक' को दे दी जायें। इससे मेरे मरने पर मेरी आँखें निकालकर किसी गरजमन्द को लगायी जायेंगी। सम्बन्धित व्यक्ति अकेला भी हो सकता है और शायद मेरी दो आँखों की पुतलियाँ दो अलग-अलग व्यक्तियों की आँखों में भी लगायी जा सकती हैं। फिर वे मेरी आँखों से दुनिया को देखते हुए सुख से जी सकेंगे। मैंने तुरन्त वह फॉर्म भरकर दे दिया। अब मैं कभी भी इस दुनिया से चला जाऊँ तो कोई चिन्ता नहीं है, क्योंकि मेरी आँखें मेरा वंश बढ़ाती रहेंगी। क्यों, ठीक है न?'

अत्यन्त प्रसन्नता से और मुझसे उनकी पत्नी को अभी कुछ न बताने का वचन बार-बार लेते हुए बधिर और गूँगे विट्ठलराव हाव-भाव से मुझसे पूछ रहे

थे, 'पुत्र तो इसीलिए चाहिए न कि हमारे पीछे हमारा कुछ बचे, वंश चलता रहे। मेरी आँखें ही कल रात से मेरे पुत्र बन गयी हैं। वे मेरे पीछे मेरा वंश चलाती रहेंगी। इसका मतलब है कि मरने पर भी मैं पूरा-का-पूरा इस दुनिया से नहीं जाऊँगा, मरने पर भी मैं आँखों के रूप में ज़िन्दा रहूँगा।'

विट्ठलराव का वह असीम आनन्द और सन्तुष्टि देखकर मैं अपने को अन्धा महसूस करने लगा। लगा कि आँखें तो सभी के पास हैं, पर दृष्टि केवल इस गूँगे आदमी के पास है—वह है मरणोत्तर जीवन-दृष्टि।

स्थान : उद्यान

बम्बई का सार्वजनिक उद्यान भी एक रंगमंच है और कुछ लोगों को छोड़कर हम सभी उनके पात्र हैं। वहाँ रोज़ अनेक अंकों वाला एक नाटक खेला जाता है। उसे बिना टिकट देखा जा सकता है। उसके लिए चाहिए, सिर्फ़ समय और वही इस बम्बई शहर में दुर्लभ होने से इस नाटक में दर्शकों का अभाव होता है। यहाँ होता है सिर्फ़ उद्यान का एक 'सैट' और अनेकानेक गुमनाम पात्र! इनका कई बार एक-दूसरे से बिल्कुल सम्बन्ध नहीं होता और वे अपनी भूमिका में ऐसे व्यस्त होते हैं कि इनमें से कोई भी, यह नहीं जानता है कि वह नाटक का पात्र है।

अगर आपको समय मिले तो यह नाटक देखने आइए। पता नहीं चलेगा कि समय कैसे गुज़र गया।

अभी देखिए। अपराह्न के चार बज रहे हैं। उद्यान का द्वार बन्द है। वह थोड़ी ही देर में रोज़ की तरह खुलेगा। नगरपालिका के नियमानुसार वह दोपहर में बन्द रहता है। उद्यान के भीतर के पेड़ों की छायाएँ दोपहर में सिमट गयी थीं, अब वे फैलने लगी हैं। उद्यान निर्जन है। पेड़ों पर कुछ कौए बेसुरी तान अलाप रहे हैं। दो-चार मुर्गियाँ और उनके पीछे उनके चूज़ों की फ़ौज आसपास की झुग्गी-झोंपड़ियों से उद्यान में घुसकर खुले रूप से लुटक-लुटक घूम रही है। इस समय नियमानुसार उद्यान में जाने की मनाही है, पर मुर्गियों को यह कौन बता सकता है? अधिक-से-अधिक उनको काटकर खाया जा सकता है, और यह तो मुर्गियों का अटल भाग्य है। इसलिए मुर्गियाँ उसकी चिन्ता नहीं करतीं। वे अपने मन के मुताबिक इधर-उधर घूमती हैं और जाती हैं; लेकिन यह तो केवल गौणपात्र हैं।

वह देखिए, एक मुख्य पात्र द्वार के पास आया है। वह बन्द द्वार पर एक बन्दर की निपुणता से चढ़कर उद्यान के भीतर गया। पीछे-पीछे वह एक और! फिर तीसरा, फिर चौथा! द्वार खुलने से पहले भीतर 'एण्ट्री' करने वाले ये पात्र उद्यान के रंगमंच पर कौन-सा दृश्य प्रस्तुत कर रहे हैं? साहब उसका नाम है

निद्रानाट्य! जो भीतर आता है, वह उद्यान के अकेले बड़े पेड़ की छाया में उचित स्थान ढूँढ़कर पसर जाता है और खर्राटे भरने लगता है। देखते-देखते दस-बारह पात्र उस पेड़ के नीचे कमल की पंखुड़ियों की तरह इधर-उधर बिखरकर साथ-साथ खर्राटे भरने लगते हैं। यही है निद्रानाट्य। इन पात्रों या लोगों का कोई घर नहीं है। रात में वे इधर-उधर काम-धन्धा करते हैं और दिन में यहाँ आकर सोते हैं।

अब द्वार खुलता है। खुलते ही आस-पास की झुग्गी-झोंपड़ियों के किशोर और बालक किसी-न-किसी तरह बच्चों को उठाये उद्यान में आ घुसते हैं। इनके घर हैं, पर उनमें टिकने के लिए जगह नहीं है। इनके घरों में अवैध शराब का धन्धा, वेश्या-व्यवसाय, जुआ आदि चलता रहता है, इसलिए ये रोज़ इस उद्यान में ही होते हैं। दोपहर में पहरेदार द्वारा बाहर निकाले जाने पर वे बाहर चले जाते हैं और फिर द्वार खुलते ही भीतर आकर शोर मचाने लगते हैं। इस बीच कुछ और पात्रों ने भी यहाँ प्रवेश कर लिया है। तीन नौजवान मुसलमान युवक यहाँ आकर छाया में पाँव फैला देते हैं और अपने गाँव की बातें करने लगते हैं। इनमें से दो बोलते जाते हैं और तीसरा नौजवान सिर्फ़ आसमान ताकता हुआ उनकी बातें सुनता है और उसाँसें भरता है। देखते-देखते वे दोनों सो जाते हैं और यह बैठा ही रहता है। फिर वह वहाँ से उठकर चला जाता है। ये तीनों रात को अवैध शराब लाने ले जाने का काम करते हैं। दिन में पास वाले होटलों में काम करते हैं और यहाँ आकर गाँव की यादें दोहरा कर मन में कुढ़ते हैं। इनमें से कभी कोई एक नहीं आया तो बचे हुए दो मान लेते हैं कि उसे पुलिस ने पकड़ लिया है। फिर वह कुछ दिन तक एक ही छप्पर के नीचे सोता है—जेल के।

उस तरफ़ उत्तर प्रदेश का एक 'भैया' अपना जूता जाँघ पर उलटा रखकर, उस पर पोस्टकार्ड रखकर खुले मुँह से अपने घर पत्र लिखने में मशगूल है। इसके लिए वह तबेले और भैंसों से दूर, जान-बूझकर, इस एकान्त स्थान में आया है। थोड़ी दूरी पर एक आदमी बड़ी आस्था से एक कपड़ा बिछा देता है। दूसरा अधिकारपूर्वक उस कपड़े पर लेटता है। कपड़ा बिछाने वाला उसे अख़बार से पंखा करता है। बीच ही में उसके पाँव दबाता है, 'सेवा' करता है क्योंकि उसे सट्टे का आँकड़ा चाहिए। वह इसी आशा से उसकी निष्ठापूर्वक सेवा करता है कि वह मोटा, मैला-कुचैला, तेलिया 'गुरु' उसे 'आँकड़ा' देगा। इसी तरह कइयों का उस दिन का भविष्य इस 'आँकड़े' पर टँगा रहता है और इसी से बाबा जैसे कई निठल्ले लोग उनके अन्धविश्वास पर जीते हैं, उनसे सेवा करा लेते हैं। लीजिए, उस तरफ़ वहाँ और दो-जने—एक पुरुष और एक स्त्री—आ बैठे हैं। वह स्त्री कौन है, क़हाँ की है, यह तो वे ही जानें, लेकिन ये रोज़ निर्धारित समय

पर यहाँ आते हैं। वे एक-दूसरे से सटकर, अँधेरा होने तक बैठते हैं, पर बातें बहुत कम करते हैं, केवल पाँवों की अँगुलियाँ या पाँवों के पास पड़े हुए कंकड़ों से या घास से खेलते हैं। यहाँ उनके सम्बन्धों में किसी को कोई दिलचस्पी नहीं है, कोई भी व्यर्थ की पूछताछ नहीं करता। वह स्त्री कभी-कभी आसपास खेलने वाले नंग-धड़ंग, कलौंच भरे बच्चों में से किसी-किसी को लाड़-प्यार करती है, उनको मीठी गालियाँ देती है। फिर वे उसे फूल ला देते हैं, नाच-गाकर पैसे माँगते हैं और उसे तंग करते हैं।

पाठक बन्धुओ! यह तो उद्यान-नाट्य की झलक मात्र है।

हमारी गर्मी के दिनों की सैर

अभी तक तो ठीक है, अब भी बुरी नहीं है—यह कहते-कहते बम्बई की हवा पर प्रतिवर्ष की भाँति गर्मी की पूरी जवानी आकर छा गयी। सुबह बिछौने में ही उमस होने लगती है, आधी बाल्टी का कुनकुना स्नान करते-करते बदन से पसीना बहने लगता है, कार्यालय पहुँचने तक सुस्ती आती है और सुस्ती उतारने की कोशिश में कार्यालय बन्द होने का समय आ जाता है और तब तक बला की थकावट महसूस होती है। बस-लोकल में पसीने का चिकना दर्प (बदबू) मनुष्य का रहा-सहा दर्प (घमण्ड) उतारता रहता है। घर पहुँचने पर गृहस्थी के ताप में यह गर्मी का ताप! रात को बिछौने में हमारे पहले गर्मी घुसी हुई होती है और उसके साथ ही होती है खटमलों की फ़ौज!

बम्बई के बाहर के लोग नगर की इस गर्मी की हवा से बेज़ार हो जाते हैं। (फिर भी, कहा जाता है कि बम्बई में रोज़ लाख-पचास हज़ार लोग बाहर से आते हैं,) मुझ जैसा बम्बई का निवासी भी इस हवा से परेशान होता है। सामान्यतः बरसात के दिन बीतते ही मैं आगामी गर्मियों में बम्बई से बाहर जाने की योजना बनाने लगता हूँ। भरपूर हवा, नहाने के लिए कम-से-कम एक बाल्टी भर ठण्डा पानी, पर्याप्त शान्ति और कुछ दिनों तक रहने के लिए जगह—बस, मैं केवल इतनी ही सुख-सुविधाओं की खोज में रहता हूँ। इससे शहर के बाहर के लोगों में से आतिथ्यशील मित्रों, मित्रों के मित्रों, सस्ते होटलों, हॉलिडे होमों और धर्मशालाओं के पतों की अच्छी-खासी सूची मेरे पास तैयार हो जाती है। यह सूची मैं पुराने प्रेमपत्रों की तरह सँभाले रहता हूँ, बैठे-बैठे उसमें से चयन करता हूँ। आगामी गर्मियों को ध्यान में रखकर पहले से ही कुछ लोगों से सम्बन्ध जोड़ लेता हूँ, उनसे पत्राचार करता हूँ, बड़ों-बूढ़ों से सलाह-मशविरा करता हूँ, बजट भी बनाता हूँ। देर होती है तो सिर्फ़ बच्चों की छुट्टियाँ शुरू होने की। छुट्टियाँ शुरू हुईं कि हम चलें सैर पर!

लेकिन अब प्रवास के नाम से ही मेरे पाँव लड़खड़ाने लगते हैं। आरक्षण की

खिड़कियों के पास प्रतीक्षा में दिन-रात खड़े लोगों के झुण्ड, गाड़ी में होने वाली असह्य रेल-पेल, बीवी-बच्चों और सामान-असबाब समेत गाड़ी पर चढ़ते और उतरते समय होने वाली दुर्गति, कभी-कभी किसी वस्तु या बच्चे का कुछ समय के लिए गायब हो जाना, चालाक कुली पर नज़र रखते हुए भीड़ को ठेलते और स्वयं हिलते हुए होशियारी से मार्ग निकालना, सवारी गाड़ी के लिए चख-चख और कदम-कदम पर श्रम-जीवी जनता द्वारा पैदा की जाने वाली अवसरवादी रुकावट और किया जाने वाला शोषण—इन सभी बातों को देखने पर हिम्मत पस्त हो जाती है, जोश थोड़ा-सा ठण्डा हो जाता है। मन में आता है, अगर यात्रा किये बिना दूसरे गाँव जाने का कोई और सुसह्य मार्ग होता तो कितना अच्छा होता!

फिर भी मैं अपने निश्चय से नहीं डिगता। मेरी पत्नी भी घर के सामान को समेटकर रख देती है और सभी पड़ोसियों को आते-जाते धमकीनुमा स्वर में सुनाती रहती है कि हम अगले सप्ताह में या पखवाड़े में सोमवार-शुक्रवार के दिन माथेरान-खंडाला-महाबलेश्वर (सभी पर्वतीय स्थान) जाने वाले हैं। कुछ पास-पड़ोसी बार-बार याद दिलाते हैं कि आप लोग कब जा रहे हैं? कुछ पड़ोसी तो स्वयं चले भी जाते हैं, पर मैं अपना सफर किसी-न-किसी कारण स्थगित करता रहता हूँ। 'सफर' कहने पर बदन पसीना-पसीना हो जाता है, जो कम नहीं होता, तिस पर कुछ सुनी और पढ़ी हुई ख़बरें—गाड़ियों में खचाखच भीड़, टिकटों के लिए लम्बी कतारें, आरक्षण करने पर भी तकलीफ़ें-ही-तकलीफ़ें, रोज़ अमुक हज़ार नागरिक बम्बई से बाहर जा रहे हैं आदि। अगर इतनी बड़ी संख्या में लोग बाहर जा रहे हों तो फिर हम क्यों बाहर जायें? जाने दो सभी को, फिर हम जायेंगे। मैं बम्बई में ही रहकर इन सारे उतावले लोगों की संख्या बम्बई से बाहर जाकर, समाप्त होने की प्रतीक्षा करता हूँ; लेकिन हर साल की तरह आश्चर्य की बात (वैसे हर साल होने वाली घटना को आश्चर्य भी कैसे कहा जाये) कि बम्बई से बाहर जाने वाले लोगों की संख्या कभी ख़त्म नहीं होती, कम भी नहीं होती; कहीं वे ही लोग बार-बार आते-जाते तो नहीं? कुछ भी हो, भीड़ पूर्ववत् बनी रहती है।

मेरी पत्नी उतावलेपन से पूछताछ करती है। बच्चे रोज़ सौ बार पूछते रहते हैं कि हम कब जायेंगे और उसके लिए वे हठ करते हैं। बाहर प्रवास पर गये पड़ोसी वापस भी आने लगते हैं।

और फिर प्रथम उत्साह के बाद हर एक के मुख से सही बात निकलने लगती है—बाहर भी वही स्थिति है; वही भीड़, वही ठेलाठेल, वही तकलीफ़, अभावग्रस्तता, महँगाई और गर्म हवा।

वाह! मैं मन-ही-मन प्रसन्न होता हूँ और ये सुनी हुई बातें परिवार के सभी सदस्यों से बार-बार कहते हुए, बचे हुए गर्मी के दिन बम्बई में, अपने ही घर में सुख-सन्तोष के साथ बिताता हूँ। अरे साहब, मेरे मकान में भी, आगे का द्वार थोड़ा-सा खुला रखकर, पीछे का बन्द किया जाये और स्नानघर के पास वाली खिड़की के पास विशिष्ट कोण में कुर्सी रखकर उस पर बैठा जाये तो, रामकसम, दोपहर के समय भी कभी-कभी खुली हवा आती है। फिर सैर की झंझट क्यों?

शिव-शिव!

आजकल के युवकों के बारे में जितना कहा जाये, थोड़ा है। वे कब, कहाँ, क्या करेंगे, इसका कोई भरोसा नहीं है। जिस बात की हम कल्पना भी नहीं कर सकते, उसे ये चुटकियों में कर गुज़रते हैं।

आपने कभी गिरजाघर में मंगलाष्टक गाये जाने की बात सुनी थी? गाये जाने की बात छोड़ दीजिए, कभी आपने यह सोचा भी था कि वे गिरजाघर में गाये जायेंगे? वहाँ तो सुनाये जाते हैं बाइबिल के एकसुरी अंग्रेज़ी प्रवचन और मंगलाष्टकों की जगह होते हैं धुएँ और बारातियों से भरे विवाह-मण्डप! यदि कल कोई इस मण्डप में एकदम से उठकर चोगा सँभालते हुए 'आकाश के पिता' का अंग्रेज़ी में बयान करने लगे तो हम क्या कर सकते हैं? हम कुछ करें या न करें, कम-से-कम चकित तो हो ही जायेंगे। लेकिन हाल ही में, अमरीका के हार्वर्ड विश्वविद्यालय के परिसर में स्थित एक चर्च में एक विवाह हुआ जिसमें—विश्वास कीजिए—ऊँचे स्वरों में, लयबद्ध सुर में, संस्कृत के मंगलाष्टक गाये गये। कमी थी तो केवल अन्तरपट की।

हुआ यों कि अशोक अकलुजकर नामक एक सुबुद्ध उत्साही, पुणे निवासी युवक ऊँची शिक्षा के लिए वहाँ रहता है और उसके जार्ज नामक एक अमरीकी मित्र की आँख कौसल्या नामक तमिल युवती की आँखों से लड़ गयी। जार्ज हार्वर्ड विश्वविद्यालय के संस्कृत विभाग में पढ़ने वाला अमरीकी युवक था और कौसल्या शिकागो विश्वविद्यालय में तमिल पढ़ाने का काम करती थी। गोरे-चिट्टे, रौबीले जार्ज को साधारण रूप वाली लेकिन सौम्य और शान्त हमारी साँवली कौसल्या भा गयी। दोनों का धूप-साये की तरह मिलन हो गया और दोनों ने विवाह करने का निश्चय कर लिया।

अब, जैसे हर प्रेमविवाह में सामान्यतः हुआ करता है, इस विवाह में भी हुआ। जार्ज के माता-पिता ने इस जग-निराले विवाह का विरोध किया। एक तो उन्हें अपने ऊँचे, धनवान अमरीकी घराने पर उचित गर्व था और दूसरे, जार्ज

उनका इकलौता पुत्र था। तिस पर, वह बहुत ही होशियार, कर्तृत्वशील और रूपवान था, उसे अंग्रेज़ी को छोड़ सात अन्य भाषाओं (इनमें कौसल्या की तमिल भी थी) का ज्ञान था। उसके माता-पिता ने उसे सूचित कर दिया कि उन्हें यह रिश्ता बिल्कुल मंजूर नहीं है।

वैसे हमारे युवकों की तुलना में, अमरीकी युवक भी कुछ कम नहीं हैं, उलटे थोड़े आगे ही हैं। पच्चीस वर्षीय जार्ज कुछ दिन तक अपने माता-पिता का विरोध समाप्त हो जाने का इन्तज़ार करता रहा और अन्त में उसने माता-पिता की स्वीकृति के बिना और उनकी अनुपस्थिति में ही विवाह करने का निर्णय किया। पिछले माह की बारह तारीख का मुहूर्त निर्धारित किया गया। ल्युथेरियन सम्प्रदाय का एक गिरजाघर विवाह-स्थान के रूप में तय हुआ। वर-वधू ने अपने गिने-चुने मित्रों को ही आमन्त्रित किया। उनमें से एक अशोक अकलुजकर भी था। विवाह पद्धति से 'चट मँगनी पट ब्याह' जैसा होने वाला था।

और ऐन समय पर, दस तारीख को विरोध का पहला गढ़ ढह गया। कौन-सा? जार्ज की माँ! अमरीकी माताओं का कलेजा हमारे यहाँ की माताओं से अलग थोड़ा ही है? अपने इकलौते पुत्र के प्रेम के वश में जार्ज की माँ दस नवम्बर की रात को खिंची चली आयी। यही नहीं, तो उसने विवाह का प्रस्तावित बचकाना खेल रोककर सारे सूत्र अपने हाथ में ले लिए। उसने यथोचित पद्धति और कुलाचार के अनुसार बड़े ठाठ से विवाह सम्पन्न करने की योजना बनायी और उसे कार्यान्वित किया।

अब हार्वर्ड आश्रम में संस्कृत का अध्ययन करने वाले, हमारी कौसल्या के उस अमरीकी राम के मन में विचार आया कि क्यों न विवाह में, कौसल्या के धर्म की भी कुछ विधियों को सम्मिलित किया जाये? विवाह तो उसका भी है। फिर, वह स्वयं भी तो हिन्दू धर्म के प्रति आत्मीयता का अनुभव करने लगा था। तब उसने अशोक अकलुजकर को फ़ोन किया। अशोक ने बड़े उत्साह से बढ़िया संस्कृत मंगलाष्टकों की रचना की और अंग्रेज़ी भाषान्तर के साथ पचास प्रतियाँ बनाकर वह अपने दो-तीन भारतीय मित्रों के साथ ठीक समय पर विवाह में गया।

प्रश्न था, क्या ईसाई गिरजाघर में मंगलाष्टक गाने की अनुमति दी जायेगी? लेकिन मज़े की बात यह है कि गिरजे के पादरी भी उदारमना व्यक्ति थे। उन्हें यह प्रस्ताव उचित लगा और उन्होंने अनुमति दे दी। ईसाई पद्धति के अनुसार विवाह सम्पन्न होते ही, अशोक 'शास्त्री' अकलुजकर द्वारा रचित, सुन्दर मानवतावादी आशय से रससिक्त और गायन-कला से परिचित आनन्द 'पण्डित' परांजपे के गले से ऊँचे स्वर में प्रस्फुटित उन संस्कृत मंगलाष्टकों से गिरजाघर गूँज उठा।

इस तरह उन युवकों ने अमरीका के उस ईसाई चर्च को कुछ देर के लिए पुणे-बम्बई का 'मंगल कार्यालय' बना डाला।

फिर वर-वधू ने एक-दूसरे को फूलमालाएँ पहनायीं और कौसल्या भारतीय परम्परा के अनुसार आँखों में आँसू भरकर अपनी अमरीकी ससुराल गयी।

है न यह अतर्क्य और अनोखी बात! इसीलिए तो कहा था कि ये नवयुवक जो न करें वह थोड़ा! इधर हम राज्य-राज्य के आपसी झगड़े रोज़ पूरे दल-बल के साथ लड़ रहे हैं, जाति-उपजातियों और भाषाओं के विभेदों को बनाये रखने की जी-तोड़ कोशिश कर रहे हैं और उधर ये नव-युवक देश-देश, वर्ण-वर्ण और धर्म-धर्म के बीच पाये जाने वाले अन्तर को मिटा रहे हैं।

प्रदर्शनी

सच है! नाटक शुरू होने से पहले, पर्दे के भीतर झाँकने की मेरी आदत अभी तक नहीं गयी है।

परसों दोपहर में बम्बई के चर्चगेट स्टेशन से फ्लोरा फाउण्टेन की सीध में जा रहा था कि बीच में पड़ने वाले मैदान में एक प्रदर्शनी का डेरा पड़ा हुआ देखा। शायद उसका नाम 'मार्च ऑफ टाइम' था। मुख्य द्वार पर एक नकली रॉकेट लगाया गया था। उससे लगा कि शायद यह कोई वैज्ञानिक प्रदर्शनी होगी। इधर-उधर भटकने पर पता चला कि प्रदर्शनी के शुरू होने में अभी पूरे दो दिन बाकी हैं। अन्दर स्टॉलों के अधबने ढाँचे खड़े दिखायी दे रहे थे। कुछ लोग काम कर रहे थे। बढ़ई ठोंक-छील रहे थे, एक दर्जी कपड़ों के थान फैलाकर सिलाई की मशीन पर तड़ाक-पड़ाक से सिलाई करने के काम में जुटा हुआ था, कुछ मज़दूर रंगाई कर रहे थे, तो कुछ लोग अधरचे स्टॉल के तंग स्थानों पर चढ़कर कुछ रखने और सजाने में मशगूल थे। अन्दर सामने ही घोड़े जैसे एक प्राचीन विकराल प्राणी की प्रतिमा अपने पिछले पाँव और उसके पीछे की, गिरगिट की पूँछ जैसी लम्बी पूँछ पर खड़ी लपकती हुई दिखायी दे रही थी। मेरी जिज्ञासा बढ़ी, वह दो दिन रुकने के लिए तैयार नहीं थी। दरवाज़े पर द्वारपाल हाथ में लाठी लिए कुर्सी पर बैठा था।

मैं सावधानी से, पर जल्दी-जल्दी क़दम बढ़ाते हुए मुख्य द्वार की नकली प्राचीन गुफा से गुज़रकर परली ओर जाने लगा। आधे से अधिक अन्तर काटने पर द्वारपाल ने पूछा, 'क्या है? क्या चाहिए?' मैं होंठों से ऐसा बुदबुदाया कि उसे कुछ सुनायी न दे और आगे बढ़ गया। मेरी तरकीब सफल हो गयी और मैं प्रदर्शनी के डेरे में घुस गया। उमर में बड़े होने का यही तो लाभ है! कहीं भी घुसा जा सकता है। टोकने वाले को ही सोचना पड़ता है। बचपन में तो इस पहले क़दम पर ही हिम्मत दगा दे जाती है।

चारों ओर नज़र डालने पर लगा, जैसे काठ के ढाँचों और कपड़े की दीवारों

वाला एक गाँव ही बसाया जा रहा है। सभी मकान अधूरा मेकप किये हुए अभिनेता जैसे दिखायी दे रहे थे। अभी रंगाई पूरी नहीं हुई थी। सजावट का जामा पहनाया जाने वाला था, कुछ वस्तुओं का रख-रखाव भी बाकी था। कुछ की नामपट्टिकाएँ लगी हुई थीं, कुछ आधी-अधूरी थीं, तो कुछ अभी तक अनाम ही थीं। बपचन में एक बार चोरी-चोरी नाटक के प्रारम्भ होने के पहले वाला नेपथ्यशाला का दृश्य देखा था, उसकी याद हो आयी। बायीं ओर की आधी दाढ़ी लगाया हुआ पात्र चाय पी रहा था। दूसरा साड़ी पहनकर, पर नकली बालों का टोप लगाये बिना बीड़ी पी रहा था, तो तीसरा सिर पर मुकुट रखकर लँगोट कस रहा था। सब कुछ था बड़ा विचित्र, फिर भी देखते रहने की ललक हुआ करती थी।

उन आधे-अधूरे मकानों के जमघट में, बीच में रखा हुआ एक घोड़े जैसे मुख वाला महाकाय गिरगिट की पूँछ वाला प्राचीन काला-काला, बहुत बड़ा प्राणी प्रदर्शनी के काम की निगरानी करने वाले मेट जैसा लग रहा था। थोड़ी दूरी पर उसका और एक भाई था। उसकी बड़ी भारी पीठ पत्थर के मोटे आरे जैसी और बदन ऊबड़-खाबड़ पथरीली बेतरतीब दीवार जैसा था। ऊपर से ऐसा भी लगता था, जैसे वह संस्कृत के मास्टर की तरह छद्म रूप से हँस रहा है। पास ही के स्टॉल का पर्दा उठाकर देखा, तो मैदान में खड़े उन दोनों के अनगिनत भाई-बन्धु एक लम्बे-चौड़े चित्र में दिखाये गये थे जिन्हें देखने पर लगता था कि रात के समय कई छोटे-बड़े तिलचट्टे दीवार पर जमा होकर मूँछें मरोड़ रहे हों। एक-एक प्राणी एक-एक भयंकर सपने जैसा ही था। कहा जाता है कि ये चार-चार, आठ-आठ, सोलह-सोलह पाँवों वाले महाकाय प्राणी मनुष्य के पहले इस भूतल पर विचरा करते थे। यह सोचकर मनुष्य के प्रति कितना आदर उत्पन्न होता है कि इन प्राणियों के रहते उसने पृथ्वी पर क़दम रखने की हिम्मत की। तभी दूसरी तरफ़ रखे हुए चित्र में लम्बे-लम्बे बालों और दाढ़ी-मूँछों वाले मनुष्यों की कतार दिखायी देने लगी। हर मनुष्य कहानी के हौवे की तरह लग रहा था। सुनते हैं, यह मनुष्य केवल पत्थरों से पहाड़ जैसे हाथियों को मार डालता था, केवल पत्थर फेंककर चपल से चपल पक्षियों को निशाना बनाता था। उसके वे पत्थर के शस्त्र भी पास ही रखे गये थे। साथ ही ऐसे चित्र भी लगाये गये थे, जिनसे पता चलता था कि मनुष्य सामूहिक रूप से कैसे शिकार किया करता था। सच है! वह मूलतः ही होशियार और अक्लमन्द था, पर डरपोक भी था—आग से बहुत डरता था। बच्चों की तरह निरीह था।

उसके पास वाले विभाग में उस समय के मनुष्य के बनाये हुए, चित्रलिपियों के नमूने प्रदर्शित किये गये थे। एक वृत्त बनाकर उसके बीचोबीच बिन्दु लगाने

से उसका सूर्य बनता था। उस सूर्य के नीचे तीन टेढ़ी-मेढ़ी लकीरें खींचने पर उसे प्रकाश कहा जाता था। दो समानान्तर छल्लेदार रेखाएँ बनाने पर पानी और उसे एक बर्तन में जमा हुआ दिखाने पर सागर की प्रतीति होती थी। दोहरी कमान का मतलब था आसमान और उस कमान के नीचे तीन लकीरें लगाने पर होती थी वर्षा! जल्दी-जल्दी से एक कंघी बनाइये और उसको जोड़कर बनाइये एक सूँड! लीजिए, हो गया हाथी तैयार! बहुत खूब! मन में आता है, इसके बाद मित्र को इसी लिपि में पत्र भेजे जायें और सभी को एक बार, पत्थरों से हाथी को मार डालने के लिए बुलाया जाये। शर्त एक ही हो कि सभी के बाल कम-से-कम घुटनों तक लम्बे हों और घनी दाढ़ी-मूँछें। कमर में चमड़ा ही बँधा हो।

सच कहता हूँ, मनुष्य के भूतकाल की वह आधी-अधूरी प्रदर्शनी देखते-देखते, पता ही नहीं चला कि समय कैसे बीत गया। आगे जाने पर पहली रेलगाड़ी, पहला हवाई जहाज़, पहली मोटरगाड़ी, पहला मुद्रण यन्त्र आदि की छोटी-छोटी पर हू-ब-हू प्रतिमाएँ देखकर मन की कली खिल गयी। लगा कि मैं भी उतना छोटा बन जाऊँ और उन सभी वस्तुओं को चलाकर देखूँ और उस रमणीय काल में खो जाऊँ। वहाँ की वह पहली अनोखी मोटरगाड़ी देखने के बाद प्रदर्शनी से बाहर आने पर बाहर की ठप्पेदार मोटरगाड़ियों के काफिले देखने को मन नहीं करता था और सूट-बूट पहने, कटे बालों वाले, दाढ़ी-मूँछ विहीन, बनी-बनायी रेखाओं पर चलकर, गर्दन झुकाकर सड़क पार करने वाले मनुष्यों से जी उचट गया।

असल में मनुष्य को कैसा होना चाहिए? वह दोहरी कमान के आसमान तले, लम्बे-लम्बे बाल लहराते, दाढ़ी-मूँछों पर ताव देते, हाथ में पत्थर का तेज़ भाला लिए हुए, पहाड़ जैसे एक-एक विकराल प्राणी के आगे निडरता से खड़ा हो।

ख़ैर! आज के ज़माने में तो उसे भी राशन की कतार में, बस की कतार में या फिर लोकल रेलगाड़ी की भीड़ में छटपटाना पड़ सकता है।

हा-उ-ट!

कल नये वर्ष का पहला दिन था।

सुबह बड़े सुख से बिस्तर पर लुढ़क रहा था तो नीचे से बड़ा शोरगुल सुनायी दिया। शोरगुल से उसका स्वरूप और कारण भी ध्यान में आ गया। नीचे गली के लड़कों ने सुबह ही टेनिस की गेंद से नये वर्ष का क्रिकेट का पहला दाँव जमाया था। सोचा, पिछले कई वर्षों से बैट को हाथ तक नहीं लगाया है। आखिरी बार क्रिकेट खेला था, तब मैं अंग्रेज़ी चौथी यानी आज की नौवीं कक्षा में था। उस समय चौका लगाने के आवेश से गेंद को पीटा था तो वह मैदान में घूमने के लिए आयी हुई, संस्कृत के गुरुजी श्री सापत्नेकर की पत्नी की नाक से जा टकरायी थी जिससे उन्हें चक्कर आ गया था। उस दिन जो मैदान छोड़ा, तो वह हमेशा के लिए छूट ही गया। उसके बाद कुछ दिनों तक संस्कृत जैसा ही क्रिकेट का भी डर मन में बैठ गया। बाद में क्रिकेट के बहाने हाथ में पकड़ा केवल ट्रांज़िस्टर—कमेंट्री सुनने के लिए। मैदान गया सिर्फ़ मैच देखने के लिए। वहाँ भी किसी खिलाड़ी के चौका लगाने पर तुरन्त देखा करता था कि कहीं श्री सापत्नेकर गुरुजी की पत्नी तो उस तरफ़ घूमने नहीं आयी है? अन्यथा सोबर्स और ग्रिफिथ भी श्री सापत्नेकर की बेंत के आगे टिक नहीं पायेंगे।

फिर तुरन्त सोचा कि नीचे जाकर लड़कों के साथ क्रिकेट खेला जाये, सौ-पचास रन बनाये जायें और पाँच-सात विकेट लिए जायें। बस, फिर मैं जल्दी-जल्दी से सब कुछ निबटाकर नीचे आ गया।

मुझे आगे जाने देने, खेलने वाले लड़कों ने खेल बन्द करके चुपचाप रास्ता कर दिया।

मैंने झिझकते हुए पूछा, 'क्यों, क्रिकेट खेल रहे हो?'

इस पर सभी लड़कों ने जैसे मन-ही-मन यह पूछते हुए 'हाँ' में गर्दनें हिलायीं कि 'इसमें आपका क्या जाता है?'

कुछ न सूझने के कारण मैंने कहा, 'हाँ-हाँ, खेलो-खेलो।'

फिर भी लड़के संकोचवश अपनी-अपनी जगह पर खड़े ही रहे—शायद मेरे जाने की प्रतीक्षा कर रहे थे। तब मुझे याद आया कि एक बार उनकी गेंद मेरी गैलरी में आयी थी, तब उसे वापस करते समय मैंने उन्हें डाँटा था कि क्रिकेट खेलते समय यदि काँच-वाँच टूट जायें तो कौन भरपाई करेगा?

मैं हताश हो गया। यह बात मुझे चुभी कि मैं उत्साह से खेलने आ गया, पर यहाँ मेरा स्वागत होने की सम्भावना नहीं है। एक बार सोचा कि लौट जाऊँ, पर फिर लगा कि इससे लड़के सोचेंगे कि ये नीचे क्यों आये थे और फिर वे एक-दूसरे की ओर देखकर हँसेंगे। इसलिए सीधे सड़क पर जाकर, एक चक्कर लगाकर वापस आना उचित होगा।

पर, पता नहीं क्यों, मन क्रिकेट खेलने की इच्छा को दबाने के लिए तैयार नहीं था। तब मैंने साहस जुटा कर लड़कों से सीधे पूछा, 'मैं तुम्हारे साथ खेल सकता हूँ?'

यह सुनते ही लड़के चकरा गये, क्योंकि उन्होंने इसकी कल्पना भी नहीं की थी। वे थोड़ी देर एक-दूसरे की ओर देखते रहे। शायद उन्हें यह बात मज़ेदार लगी थी। वे बोले, 'हाँ-हाँ, क्यों नहीं?'

फिर नाइट पाजामा थोड़ा ऊपर खोंसकर मैं अपने कैप्टन के आदेशानुसार स्क्वेयर लेग पर फील्डिंग करने खड़ा रहा। गेंद वहाँ से कम्पाउण्ड के उस तरफ़ के क्षेत्र में जाती और उसे लाने में परेशानी होती, इसलिए मुझ जैसे लम्बे, मोटे-से क्षेत्ररक्षक को कम्पाउण्ड के पास नियत किया गया और उसका उन्हें तुरन्त लाभ भी हुआ। उनकी गेंद प्रायः रुकने लगी। यह कहना उचित नहीं होगा कि मैं उसे रोकता था, क्योंकि लाख कोशिश करने पर भी वह मेरे हाथ में नहीं आती थी, लेकिन हाथ में न आने पर भी वह मेरे बदन से टकराकर रुक जाती थी। यह 'फील्डिंग' भी कुछ कम नहीं थी। लड़के खुश थे। मुझे लाँघकर आगे जाने वाली गेंद के लिए वे मेरी ओर से दौड़ते थे। मेरी दिशा में आये हुए 'कैच' को वे 'चाचाजी, थोड़ा हटिए' कहकर खुद ही लपक लेते थे। फिर वे बहुत प्रसन्न हो चिल्लाते। उसमें वे मेरी भी जयजयकार करते थे।

तब तक दोनों ओर के मकानों में रहने वाले कई बड़े-बूढ़े अपनी-अपनी गैलरियों में खड़े होकर हमारा खेल देख रहे थे। मुझे 'बोलिंग' दी गयी। अपनी उम्र का ध्यान रखते हुए, द्रुत गति की झंझट में न पड़ते हुए या मध्यम गति के भी असहनीय कष्ट न उठाते हुए, मैंने मन्द गति की नीति अपनायी और चार-पाँच ओवरों में दो-तीन विकेट लिए। असल में वे विकेट कैसे गये, यह मैं भी नहीं जान सका। शायद कंकड़ों पर से गेंद उछल रही थी, पर लड़के

बहुत खुश थे। उनके खेल में मेरा आना उनकी नज़र से भी बेकार साबित नहीं हुआ था।

और फिर मुझे बल्लेबाज़ी करनी पड़ी। पुरानी याद के बल पर मैंने हाफ पैंट पहले हुए 'बन्या चितले' से 'लेग' आदि माँग लिया और उसे पक्का कर लिया। 'पिच' पर फैले हुए कंकड़ बैट से हटा दिये। फिर एक कुशल खिलाड़ी की भाँति क्षेत्ररक्षण के स्थान सावधानी से ताड़ लिए और साथ ही यह भी देखा कि कहीं भूल से श्री सापत्नेकर गुरुजी की पत्नी तो आस-पास घूमने नहीं आयी है; और फिर पहली ही मध्यम गति की गेंद पर एक ज़ोरदार चौका लगाया!

'हा-उ-ट'! लड़के चिल्लाये। दोनों ओर के मकानों से कुछ पुरानी जोशीली आवाज़ें भी आयीं। तालियों की गूँज में पीछे देखा तो गेंद मानो डरकर स्टम्प से चिपक कर बैठी थी।

सच कहूँ? मुझे कोई तकलीफ़ नहीं हुई, शर्म आदि तो महसूस ही नहीं हुई, उलटे हँसी आ गयी। हम लगाते हैं चौका और हाथ आता है शून्य। यह बात इस उमर में नयी नहीं थी। नया था, झिझक, बड़प्पन, वयस्कता, शऊर आदि को त्यागकर उन लड़कों में शामिल हो जाना, रम जाना अपने को उनमें से ही एक समझना और उन्हें भी ऐसा लगना।

तब से मैं बहुत खुश हूँ। नये वर्ष के आगमन से आप सभी एक-एक वर्ष बड़े हो गये होंगे, पर मैं छोटा हो गया हूँ, कम-से-कम मैं तो यही सोचता हूँ। नये वर्ष के आरम्भ में यही सुख मेरे लिए सर्वोपरि है।

आदत से मजबूर

एक था अमुक नगर! उस नगर के न्यायाधीश न्याय देने बैठे, पर न्याय देना उन्हें कठिन-सा लगा। वे बेचैन-से हो उठे।

क्यों? इसलिए कि उनके लिए बनाया गया नया न्यायालय बहुत हवादार, खुला और भव्य था। उसमें भरपूर प्रकाश और हवा थी। उसमें बैठना बड़ा आह्लादकारी था। अब ऐसे में आह्लाददायी भवन में बैठकर कानून के बाल की खाल निकालने का उकताऊ काम कैसे किया जाये? बयान-प्रतिबयान, जाँच-प्रतिजाँच, वादी और प्रतिवादी के वकीलों की जिरहें, प्रमाण-प्रतिप्रमाण आदि की गुत्थम-गुत्था में, ऐसे रमणीय स्थान में, मन कैसे लगे? सज़ायें कैसे दी जायें? इसके लिए तो तंग और गन्दी, बदबूदार, अँधेरी जगह ही चाहिए। ऐसी जगह का उदास, निढाल वातावरण ही तो सज़ा देने का हौसला बढ़ाता है।

यह कोई मनगढ़न्त कहानी नहीं है। कुछ वर्षों पहले पंजाब में ऐसे स्थान पर सुनियोजित ढंग से एक नया नगर बसाया गया जहाँ पहले कुछ भी नहीं था। उस नगर का नाम है चण्डीगढ़। पण्डित नेहरू के प्रोत्साहन से कार्बुज़ी नामक एक फ्रांसीसी वास्तुविशारद ने इस नगर की कल्पना प्रस्तुत की और उसकी परियोजना बनाकर, उसे बनवा लिया। इसमें उसकी कल्पना को पूरा अवसर मिला था। उसने कई प्रयोग किये और वास्तुकला के आधुनिकतम नमूने पेश किये। उसने नगर-रचना की आदर्श पद्धतियों को अपनाया। उन्हीं के अन्तर्गत उपयुक्त हवादार, प्राकृतिक प्रकाश से परिपूर्ण आह्लादकारी न्यायालय भी बनाया गया। पुरानी इमारतों के बदबूदार, अँधेरे कक्षों में, दिन में भी दीये की रोशनी में काम करने के आदी न्यायाधीश सचमुच ही कुछ दिनों तक बुझे-बुझे-से रहे। यहाँ के सचिवालय के सुन्दर भवन में काम करने में कुछ दिनों तक लिपिकों ने भी कठिनाई महसूस की। यही नहीं, एक बड़े सुडौल फनेल के आकार वाले यहाँ के विधानसभा भवन में, कुछ दिनों तक ऊपर के खुले नीले आकाश की ओर देखने में ही विधायकों का समय बीतने लगा।

बम्बई के मेरे एक मित्र कुछ दिनों पहले चण्डीगढ़ हो आये थे। वे बोले कि वहाँ की सड़कों पर चलते समय डर लगता था, क्योंकि सड़कों पर भीड़ ही नहीं थी। न गाड़ियों की भाग-दौड़, न फेरी वालों की चीख-चिल्लाहट और न ही होटलों के रेडियों का कर्णकटु कोलाहल! चारों ओर शान्ति ही शान्ति, सारा इलाका सूना और खाली-सा! इसका कारण है गाड़ियों के लिए सड़कें अलग और पादचारियों के मार्ग अलग! पादचारियों को गाड़ियों की सड़कों पर जाने की नौबत शायद ही आती है, क्योंकि उनकी सभी ज़रूरतें उनके अपने क्षेत्र में ही पूरी हो जाती हैं। यही नहीं, एक क्षेत्र के पादचारी को सामान्यतः दूसरे क्षेत्र में जाना नहीं पड़ता। हर क्षेत्र के अन्तर्भाग में दूकानों की जगहें बनायी गयी हैं। सभी सड़कें फेरी वालों से सम्पूर्णतः मुक्त हैं। बीच-बीच में निर्जन बगीचे हैं। इससे मेरे मित्र चण्डीगढ़ में घूमते समय दिन में भी रात की भयानकता का अनुभव करते रहे। फिर भय कम हो गया, लेकिन बम्बई आने पर ही उन्होंने चैन की साँस ली। यहाँ की रेल-पेल, धक्कम-धक्का और भागम-भाग में अब वे अपने को सुरक्षित और सुखी महसूस कर रहे हैं।

सच है, मनुष्य आदत का गुलाम होता है। बम्बई के रेलवे-स्टेशन के पास रहने वालों को दूसरी जगह जाने पर रेल की धड़धड़ न होने से नींद नहीं आती। इंजनों की कर्कश सीटियों से उनकी नींद में बाधा नहीं आती, लेकिन ये सीटियाँ हों तो लोग बार-बार सकपकाकर जाग पड़ेंगे। हमेशा टैक्सी में घूमने वाले एक सज्जन कल कह रहे थे कि वे असमंजस में पड़ गये हैं, क्योंकि दरें बढ़ने से टैक्सी अब पहुँच से बाहर हो गयी है और बस की कतार में देर तक प्रतीक्षा करते हुए खड़े रहने की उनको आदत नहीं है। इससे उन्हें बस से घृणा होती है। इच्छा होती है कि सीधे टैक्सी ले ली जाये और चला जाये पर अब बढ़ी हुई दरें रोक लगाती हैं। पिछले कुछ दिनों से वे शब्दशः अनाथ की तरह सड़कों पर घूम रहे हैं। यहाँ थोड़ी-सी आवाज़ से एकाग्रता भंग होने वाले लोग हैं, तो आदत के कारण कान के पास ट्रांज़िस्टर धरकर एकाग्रता से पढ़ाई करने वाले लोग भी हैं। ट्रांज़िस्टर न होने पर वे पढ़ ही नहीं सकते। दो वर्ष पहले बम्बई की एक पुरानी इमारत गिर गयी। उस दुर्घटना से बचे एक सज्जन आज मानसिक रुग्ण के नाते परेल के एक अस्पताल में हैं। वे कई वर्षों से, आने-जाने वाली गाड़ियों से हिलने-डुलने वाली इमारत के झूले पर रोज़ रात को गाढ़ी निद्रा में सोने के आदी थे, पक्के मकान में जाने पर उन्हें निद्राभंग की बीमारी ने घेर लिया। अब यह आदत नहीं तो और क्या है?

बम्बई में मनुष्य की आदत को शायद ही ऐसे धक्के खाने पड़ते हैं। अन्यथा

मनुष्य अपनी-अपनी आदत के अनुसार एक-एक यन्त्रमय जीवन क्रम से यों सरकते रहते हैं जैसे टेलीफ़ोन के तार पर पड़ी हुई पानी की बूँदें सरकती हैं। परिवर्तन केवल ब्योरे में होता है। जैसे, मेरे परिचित एक सज्जन पिछले बीस वर्षों से नयी भटवाड़ी से कचहरी जाते रहे हैं। उन्हें केवल उसी समय अपनी राह बदलनी पड़ी, जब 'काम चालू, रास्ता बन्द' का बोर्ड दिखा। अन्यथा भीड़ में धक्के खाते हुए, मोटरगाड़ियों से बचते हुए सड़क के किनारे-किनारे से चलने की उनकी आदत जारी रही। एक और सज्जन दादर स्टेशन आकर अपने कार्यालय जाने के लिए लोकल गाड़ी पकड़ने की जल्दबाज़ी में कई वर्षों से एक विशिष्ट दूकान की घड़ी को, आदत के कारण, देखते हैं। उनकी आदत में पिछले दो वर्षों में केवल दो ही परिवर्तन हुए। एक, पुरानी लंगर वाली घड़ी के स्थान पर बिजली से चलने वाली घड़ी आ गयी, और दो, पहले दूकान सोमवार को बन्द रहा करती थी, अब वह बुधवार को बन्द होती है; लेकिन आदत बनी हुई है। कभी घड़ी बन्द होने पर भी उन सज्जन के ध्यान में यह बात नहीं आती। यह शहर ही ऐसा है जो मनुष्य को एक साँचे में ढालकर आकार और आदतें देता है। यहाँ यह तय करना मनुष्य के हाथ में नहीं है कि वह कहाँ रहे, कैसे चले, कब खाना खाये, कब सोये, कैसे जिये, यह शहर ही उसकी ओर से ये बातें तय करता है। मनुष्यों के लिए यह शहर नहीं है, इस शहर के लिए, इसकी मर्ज़ी से मनुष्य यथा सम्भव जीते हैं। यह जीना ही उनकी आदत बन जाता है।

इसके विपरीत चण्डीगढ़ की स्थिति है। काबुर्ज़ी ने यह मानकर कि शहर मनुष्यों के लिए है, मूल रूप से उसकी कल्पना की, रचना की और उसे बनवाया। वहाँ मनुष्यों का पूरी तरह विचार करके शहर के मार्गों, कार्यालयों, बस्तियों, स्कूल-कॉलेजों और कारखानों की रचना की गयी है। इसी से सभी लोग एकमत से कहते हैं कि चण्डीगढ़ एकदम अलग, सुन्दर और सुविधानजक नगर बन गया है।

पर अफ़सोस कि वहाँ रहने, काम करने वाले लोग लम्बी अवधि तक परेशान रहे। असुविधा, बदबू, अँधेरा, भीड़-भड़क्का आदि के बिना जीने की उनकी आदत लम्बे अर्से तक नहीं गयी।

वलय

आजकल ज़रा देर से ही दिन निकलता है, पर हमारी नींद तो जल्दी खुलती है। बिछौने पर आराम से पड़े रहने को जी चाहता है, लेकिन हिम्मत करके ओढ़ावन हटाने पर हम न केवल उठ जाते हैं बल्कि प्रातःकाल के नित्य कर्मों से निबट कर तैयार हो जाते हैं। तब प्रश्न उठता है अब आगे क्या किया जाये। लगता है, फिर से नींद आयेगी! जब वह नहीं आती तो गैलरी में जाने की इच्छा होती है, पर तब भी उजाला होने में देर होती है। नज़र न आने वाला सब-कुछ गुलाबी हवा में सोया हुआ होता है, लेकिन हाथ-पर-हाथ धरे बैठा नहीं जाता। यह उस हवा का ही गुण होता है। फिर हम जूता पहनकर घर के बाहर चल देते हैं और पास ही के किसी मन्दिर की राह पकड़ते हैं।

वैसे मैं नित्य नियम के अनुसार मन्दिर-वन्दिर जाने वाला श्रद्धालु भक्त नहीं हूँ। इसके लिए मेरे पास समय भी नहीं होता। संकट आने पर हम जैसे उदरपोशी गृहस्थधर्मियों की रीति और परम्परा भी है, लेकिन ये दिन कुछ ऐसे हैं कि संकट न होने पर भी प्रातःकाल में मन्दिर का स्मरण होता है।

कोमल रामपहर। ठण्डी हवा से उत्तेजित हुआ जाता है। लगता है, जैसे किसी ने हमारे लिए ही सड़क खाली कर रखी है। उजाला होने का समय है, फिर भी लावारिस कुत्ते भी सुरक्षित जगह पकड़कर बेखटके खर्राटे भर रहे हैं। सड़क के किनारे एकाध अलाव बुझता जा रहा है, फिर भी कुछ लोग उसके इर्द-गिर्द अपने को गरमा रहे हैं, मानो बैरागी धूनी रमा रहे हों। उन्हें तापते देखकर भीतर से नये सिरे से ठण्ड महसूस होती है। अलाव का धुआँ सहज ही हलके कोहरे में मिलकर इर्द-गिर्द गुग्गुल के धुएँ जैसा फैला हुआ होता है। जूता निकालकर उस पर पाँव धरने पर लगता है, मानो अनजाने, चन्दन घिसे होरसे पर उँगली पड़ गयी हो। मज़े की बात यह है कि उजाला होने पर भी सड़क के सार्वजनिक दीये पागलों की भाँति जागते ही होते हैं। उजले आकाश पर ये दीये दिवा-स्वप्नों जैसे लगते हैं--सत्य होने पर भी मिथ्या, पास ही का

देख सकने वाले मनुष्य की आँखों जैसे त्रुटियुक्त, तरेरे हुए, बेढंगे, भूले-भटके हुए अनाथ।

अब मन्दिर की राह चलें और रास्ते में कोई गाय खड़ी-खड़ी सुस्त या सोई हुई मिले तो यह भले ही संयोग हो, पर इन दिनों वह प्रायः होता है। हम भले ही गाय को माता-वाता न मानते हों, फिर भी इन दिनों उस भारी-भरकम गरीब जानवर की पीठ पर हाथ फेरकर ही आगे बढ़ने की इच्छा होती है। स्पर्श से थर्राने वाली उसकी उस खुरदुरी रान या पुट्ठे को छूते ही हमारे बदन में सिहरन-सी दौड़ जाती है, मानो हम अनजाने साक्षात् जीवन को ही छूते हैं और थर्राते हैं। आगे बढ़ने पर भी वह स्पर्श और सुखद थर्राहट हमारे साथ ही आती रहती है।

वहाँ पहुँचने पर मन्दिर प्रभाती की प्रतीक्षा में कृतक निद्रा में चुलबुलाने वाले घनश्याम की तरह उनींदी अवस्था में पाया जाता है। उसका हर पत्थर अलसाया हुआ लगता है। ऊपर पंछी चहचहा रहे होते हैं। अन्दर सभा-मण्डप में बिजली का एक ही दीया जलता रहता है। बड़े तड़के भगवान की आरती उतार कर रखा हुआ एक नीरांजन जलता दिखायी देता है। सभा-मण्डप में बाजे का एक ही सुर पकड़कर एक आदमी 'सेवा' के लिए बैठा होता है। मन्दिर के अहाते में मुर्गियाँ एक-दूसरी को पकड़ती हुई दौड़ती नज़र आती हैं। दूसरी तरफ़ एक बछड़ी अर्धनिद्रित अवस्था में घास चबाती हुई दिखती है। उसके मुख से लटकने वाले घास के तृण इस समय नन्हे बालक के जूठन-भरे मुख का स्मरण कराते हैं। एक ओर एक अलगनी पर किसी के चिथड़े लटके हुए होते हैं। उस तरफ़ मन्दिर की दीवार के पास एक परिवार गाढ़ी निद्रा में सोया हुआ होता है। उसके लुढ़कते हुए दूर तक फैले हुए तीन-चार नंग-धड़ंग बच्चों के साँवले, मोटे पेट जाड़े को आसानी से सहते हुए दिखायी देते हैं। परिवार का मुखिया पुरुष अपने मेहनती हाथ-पाँव टेढ़े-मेढ़े फैला कर घोड़े बेचकर सोया हुआ नज़र आता है। उसके हाथ-पाँवों के बाल पक गये हैं। उनकी पत्नी मन्दिर की दीवार के पास पुरानी साड़ी पहनकर बदन का मुट्ठा और हाथों का सिरहाना बनाकर, दीवार की ओर मुँह किए हुए सोयी होती है। वहीं पर एक-दो पुराने बक्से, ट्रंक, बर्तन, पोटलियाँ और तोते का एक पिंजड़ा पड़ा हुआ होता है। सभा-मण्डप में बाजे का एक सुर लगाकर 'सेवा' करने वाला कोई भक्त, प्रातःकाल के किरकिराते, सुस्त, मोटे आर्त स्वर में भजन गाता दिखायी देता है—'तुझ बिन मोरी कौन खबर ले, गोवर्धन गिरिधारी!'

हम जानते हैं कि आजकल भगवान मन्दिर में नहीं हैं, कम-से-कम मन्दिर में तो वह रहा ही नहीं है। फिर भी मुर्गियों-बछड़ों से लेकर छोटे-बड़े मनुष्य तक सभी की चिन्ता करने वाले एक भगवान का वहाँ आभास होता है। लगता है,

उसका अदृश्य, बड़ा, प्रेममय, कठोर हाथ वहाँ और चारों ओर स्पर्श कर रहा है। उसकी संरक्षक छाया में सब कुछ निश्चिन्त सा लगता है और हम अपने आप ही गुनगुनाने लगते हैं—'तुझ बिन मोरी कौन ख़बर ले...।'

छठे-चौमासे में उत्पन्न होने वाली वह एकरूप श्रद्धालु वृत्ति ओझल हो जाती है, वह रामपहर भी बीत जाता है। फिर हम 'रामहीन' कार्यों और झंझटों में फँस जाते हैं, खो जाते हैं। फिर भी मन में बीच ही में चन्दन की अगरबत्ती के धुएँ के वलय की भाँति एक वलय बनता जाता है—पवित्र, शान्त, गूढ़—उस रामपहर का वलय।

एक हज़ार अन्याय

उन पर कोई तरस खाये। पिरीनीज़ की पहाड़ी घाटी में स्त्री बिना तड़पने वाले वे एक हज़ार ब्रह्मचारी, कोई उनका हमदर्द बन जाये।

उनमें कोई दोष, कोई कमी नहीं है। न उनकी माँग ज्यादा है, न कोई शर्त। फिर भी उनकी स्त्रियाँ नहीं हैं।

क्या यह न्याय है?

भले ही वह चिपटी नाक वाली हो, गोरी, सुन्दर या काली हो, लम्बी, नाटी, मोटी, पतली, लूली, टेढ़े-मेढ़े पाँव वाली, कानी, ऐंचातानी हो—उन्हें चाहिए केवल स्त्री।

वे स्त्री बिना परेशान हैं, उनके घर उजड़े हुए हैं, कलेजे वीरान हैं, जड़वत् हैं। गले में स्त्री-आकर्षण का आवेग है। होठों में अमूर्त वादे हैं, आँखों में खुला निमन्त्रण है। लैनेमेज़ान नामक गाँव के द्वार पर वे हज़ार ज़िन्दा पिशाच इकट्ठा खड़े हैं और गर्दनें उठाकर, आँखें फैलाकर, आँखें फाड़-फाड़कर दूर तक नज़र दौड़ाते हुए देख रहे हैं कि कहीं कोई कुँआरी स्त्री तो नहीं आ रही है।

अपने घर में नज़र डालने से पहले उनके उतरे हुए, उदास चेहरों को याद कीजिए। उनके लिए सुबह की चाय कौन बनाता होगा? दाढ़ी का ब्रश कौन ढूँढ़कर देता होगा? नहाने जाने के लिए कौन पीछे पड़ता होगा? गरम-गरम, अलोना, खारा भोजन कौन परोसता होगा? कभी भोजन में नमक न पड़े तो पक्का पति बिफर उठता है, पर जिनके जीवन में ही स्त्री साहचर्य का नमक नहीं है, उन जन्मसिद्ध पतियों के कण्ठ अवरुद्ध हो रहे हैं। पता चला है कि पास ही के फ्रांस देश में तीस लाख स्त्रियाँ पति बिना जीवन काट रही हैं—और इन एक हज़ार पुरुषों की स्त्रियाँ नहीं हैं। हे अव्यापारेषु व्यापार करने वाले ईश्वर, क्या तूने 'माँग के अनुसार आपूर्ति' वाला, व्यापार का मूल तत्त्व भी नहीं सीखा?

तूने उनकी कमीज़ों के बटन गुम करने वाले धोबी दे दिये, पर उन्हें बटन टाँकनेवालियाँ नहीं दीं। पुरुष-स्वभाव के अनुसार समय-असमय पर 'मेरी अमुक वस्तु कहाँ है,' 'वह चीज़ कहाँ गयी' आदि कहकर दहाड़ने वालों को, हे सिरजनहार,

मेमनों की तरह नम्र स्वर में 'अभी देती हूँ', 'ढूँढ़ती हूँ' कह कर कौन उत्तर देती होगी? कार्यालय जाते समय उनके लिए कौन द्वार तक आती होगी और लौटते समय 'सब्ज़ी लाने, करेला या कटहल लाने' को कौन कहती होगी? नन्हे-मुन्ने हाथ हिलाकर उन्हें कौन 'टा-टा' करता होगा? पेट के लिए आगे दौड़ते हुए वे पीछे मुड़कर किसे देखते होंगे--मकान के बेजान ताले को या पड़ोसी को विदा करने वाली पड़ोसन को?

सचमुच इसके बाद चंकी-पिंकी, विकी-निकी को हाँफते हुए श्रीमती जी के पीछे-पीछे बाज़ार जाते समय हमारे दिल पिशेनीज़ के उन बेचारे हज़ार पुरुषों के लिए हाथों के बोझों से भी अधिक भारी होंगे। ईश्वर के घर में वे जन्मसिद्ध कुली किसका बोझ ढोते होंगे?

दिन में तो वे कहीं-न-कहीं मुँह काला करते होंगे, पर रात का क्या? किसके सुरीले खर्राटों से उनकी नींद उचटती होगी? और खर्च, बिल, मायके वालों की प्रशंसा और ससुराल वालों की आलोचना की लोरी न होने से इन्हें नींद भी कैसे आती होगी? बिछौने में पाये गये तिलचट्टे को हटाने या घर में पाये गये चूहे को मारने के लिए, आधी रात को उन्हें झकझोर कर कौन जगाता होगा? और इनमें से कुछ न भी न हो, तो आधी रात को जगाने--उस विशुद्ध कलात्मक रतजगी का मज़ा लूटने का मौका तो उनको अवश्य मिलना चाहिए था। वे बेजाने रात-भर करवटें बदलते होंगे और सिरहाने के तकिये को सहलाते होंगे, पर उस पर 'ऊँ' कहकर कौन करवट बदलती होगी? उनका जीवन स्त्री-पात्र-विहीन दो ही अंकों वाला एक उबाऊ नाटक है जिसमें न चटपटे संवाद हैं, न मनभावन संघर्ष, न हर्षाने वाले समर-प्रसंग! उसे हम एक समस्याहीन उपन्यास या रेलवे के घटिया भोजनालय का निरामिष भोजन कह सकते हैं और अपने ही होंठ चबाते हुए, परिवार की आरम्भिक 'कु' (कुँआरी) की अधीरता से प्रतीक्षा करते हुए जी रहे हैं और हम यहाँ घर-घर कर रहे हैं 'परिवार नियोजन'। अरे रे! हे विश्व का तलपट बनाने वाले लेखाकार विधाता! तेरे बही खाते में यह हज़ार का 'डिफरन्स' कैसे रह गया?

स्त्री के बिना आवरण पृष्ठ में रंग नहीं आता, स्त्री के बिना कविता नहीं सूझती, स्त्री के बिना चित्रपट नहीं चलता और राजनीति लँगड़ाती है। स्त्री न हो तो समारोह में 'प्राण' नहीं होते, सभा में 'राम' नहीं होता, शोभा-यात्रा में 'शोभा' नहीं होती, जीवन में 'स्वाद' नहीं होता।

पिरीनीज़ के स्त्री-रहित हज़ार अभागे पुरुषो, आज हमारे हृदय आपके लिए शतशः विदीर्ण हैं।

बन्दी-शाला

आज मेरी छोटी बेटियों के स्कूल खुल रहे हैं। ढेर सारी पुस्तकें आ गयी हैं। आज 'मैडम' कापियों की लम्बी सूचियाँ देंगी। पिछले वर्ष पुस्तकों और कापियों के बोझे ढोते-ढोते हर एक के दो-दो बस्ते फट गये थे। आज उनके कहने पर, इसीलिए, टिन के बक्से ले आया हूँ। इसके अलावा बरसात के पानी से बचने के लिए रनकोट भी! छाते उठाने के लिए उनके हाथ खाली नहीं होंगे, क्योंकि एक हाथ में पुस्तकों तथा कापियों से ठसाठस भरा हुआ टिन का भारी बक्सा होगा और दूसरे हाथ में खाने का डिब्बा, फिर छाता किस हाथ में उठाया जायेगा? कल से वे नन्हे जीव इसी काम में व्यस्त हैं। नयी पुस्तकें, नयी कापियाँ, चमचमाते टिन के बैग लेकर स्कूल जाने की कल्पना से ही वे प्रसन्न और रोमांचित हैं। रात को सोते समय वे बड़ी देर तक आपस में इन्हीं विषयों पर चर्चा कर रही थीं, लेकिन फिर भी वे सुबह जल्दी उठ गयीं।

एक का स्कूल सुबह है तो अन्य दो का दोपहर में। सुबह के स्कूल वाली नहा-धोकर, चोटी-पाउडर से निपटकर, यूनिफॉर्म में सजकर, नया बस्ता लेकर स्कूल जा रही है और अन्य दोनों तैयार होकर दोपहर होने की प्रतीक्षा कर रही हैं।

आसपास के घरों से ऐसे कई छोटे-छोटे बच्चे इस समय स्कूल जा रहे होंगे—उत्साह से, प्रसन्न मुद्राओं से, उत्सुक मनों से, दौड़ते कदमों से। स्कूल की घण्टी बजते ही कैसा सुशोभित वातावरण होगा वहाँ का! जहाँ देखो, वहाँ प्रफुल्लित, चहकते, शोर मचाने वाले बच्चे! उस आनन्द, उस उत्साह की कोई सीमा नहीं है। लम्बी छुट्टी के बाद पहले दिन शुरू होने वाला स्कूल देखकर मुझे बड़ी खुशी होती है। अप्रैल-मई की छुट्टियों में निर्जीव, उजाड़-सी दीखने वाली यह इमारत इस दिन चेतना से जगमगा उठती है।

यह लिखते समय मुझे हर जून के मास में नज़र आने वाला यह दृश्य झिरमिराती बरसात के पानी की तरह स्पष्ट दिखायी देने लगता है।

लेकिन इसके बाद के दिनों की, मेरा मन, कल्पना भी नहीं करना चाहता,

क्योंकि इसके बाद दिखायी देते हैं भारी बस्तों, विभिन्न विषयों तथा पुस्तकी अध्ययन के बोझ से दबे, कुम्हलाये हुए सड़क के किनारे-किनारे से रोज़ दोपहर और शाम को धीमे से पाँव उठाते हुए घर लौटने वाले निढाल बच्चे! उस समय भी वे दंगा-मस्ती करते हैं, चहकते हैं, शरारतें करते हैं, पर उन सारी गतिविधियों में मुरझाने का ही भाव झलकता है। लगता है, जैसे किसी ने उनका तरोताज़ापन छीन लिया हो। होता है केवल एक बेगार से छूटने का आनन्द।

ऐसा क्यों होता है? पहले दिन की वह उमंग, वह उत्सुकता, वह तरोताज़ापन, वह निश्छल आनन्द फिर कहाँ चला जाता है? उन कोमल मुद्राओं पर असमय की प्रौढ़ता क्यों छा जाती है?

मेरी राय है कि रोज़ भारी बस्तों का बोझ उठाकर कन्धों में होने वाले दर्द में ही इसका आधा भाग चला जाता होगा। उन बस्तों में विद्यमान ज्ञान नामक रूखे, कठोर पुस्तकी बोझ में बहुत-सा शेष भाग उड़ जाता होगा और जो बचता होगा वह अधूरी नींद, दमघोंटू चहारदीवारी में छः-छः घण्टे में बन्दीवास से मुरझा जाता होगा।

जब मैं सोचने लगता हूँ कि शिक्षा के मूल तत्त्व आदि का विचार करने वाले जो ज़िम्मेदार विशेषज्ञ हैं, उनकी शिक्षा की परिभाषा क्या होगी, तब मैं उधेड़बुन में पड़ जाता हूँ। क्या बच्चों की कोमलता, ताज़गी, उत्साह, उमंग और उत्सुकता का नाश करके जो उसे वयस्क, अध्ययनशील और गम्भीर बनाती है, वही शिक्षा है या जिसका बोझ उठाते हुए बच्चों के हाथ टूट जाने की स्थिति में आ जायें और कन्धे दर्द करने लग जायें, उसे शिक्षा कहा जाये? एक ओर प्राथमिक शिक्षा में बाल-मनोविज्ञान को महत्त्व देते समय, दूसरी ओर कहीं ये लोग बाल-शरीर-विज्ञान को तो भूल नहीं जाते? बस्तों के पीछे घसीटते हुए स्कूल जाने और स्कूल से घर आने वाले छोटे-छोटे दयनीय बच्चे क्या उन्होंने कभी नहीं देखे होंगे?

हम यह जानते हैं कि स्कूल कम हैं और उनके पास जगह भी कम होती है और बच्चों की संख्या भी बढ़ती जाती है, इसलिए मजबूरी से दो शिफ्टों में स्कूल चलाना पड़ता है। इससे बच्चों की नींद पूरी नहीं होती, वे भूखे-भूखे से रहते हैं। वे कहते हैं, इसका कोई उपाय नहीं है। न हो, लेकिन उनके कोमल शरीर और मनों को पूरी तरह दबाने वाला शिक्षा का जो बोझ बढ़ाकर रखा गया है, क्या वह भी मजबूरी के कारण है? क्या हम बच्चों को उतनी शिक्षा नहीं दे सकते जिसे वे अपने दो नन्हे हाथों से उठा सकें और छोटे कन्धों पर वहन कर सकें? क्या बाल-मनोविज्ञान पर आधारित इस शिक्षा में बाल-मन को वर्ष भर मुरझाये रखने का ही प्रावधान है?

खैर! ये शिक्षा-विशेषज्ञ हमसे थोड़े ही मिलेंगे और पूछेंगे? लेकिन इतना तो सच है कि वे अपनी बाल आयु और स्कूली दिन भूल गये हैं। उन दिनों बस्ते हलके होते थे और छड़ियाँ लम्बी! अब छड़ियाँ गयीं और बच्चों के हाथ में भारी बस्तों की बेड़ियाँ आ गयीं। उस ओर बैठे हुए हमारे ठाकुरद्वार के विट्ठलराव तिनईकर नाक की नोक पर विराजमान चश्मे से इसे पकड़कर बड़े आवेश और हावभाव से कह रहे हैं, 'छड़ियाँ रहें, बल्कि वे आवश्यक भी हैं, लेकिन इन बेड़ियों को तो काट दीजिए।'

तेरह जून

उस दिन बम्बई के माटुंगा स्टेशन से थोड़ी दूर, उत्तर दिशा में सुबह ही गरज के साथ घनघोर वर्षा हुई थी और बम्बई भर के सार्वजनिक दूरभाष केन्द्रों के पास मनुष्यों की लम्बी कतारें लग गयी थीं। इन मनुष्यों के चेहरे हमेशा के जैसे नहीं थे। उनकी आँखों में सदा की मानवीय भावनाएँ नहीं थीं। उनके रोम-रोम में दिखायी देता था घबराये हुए जानवर के अंग-अंग में भर आने वाला अनाम डर। उनमें से कुछ मरकर खड़े रहते-से संवेदन रहित, जड़वत् दिख रहे थे, तो कुछ हाल ही जनमे बच्चों जैसे संभ्रमित थे। वे आसपास की किसी भी बात का मलतब समझ नहीं पा रहे थे। उन्हें सारा वातावरण नया, अपरिचित, अलग-सा लग रहा था।

एक आदमी टेलीफ़ोन का नम्बर घुमाकर कराहते स्वर में पूछ रहा था–'हैलो, क्या अमुक-अमुक सज्जन काम पर आये हैं?' उसका रिसीवर वाला हाथ काँप रहा था और आवाज़ में भारी तनाव था। शायद दूसरी ओर से पूछा जा रहा था, 'वे कौन हैं? किस विभाग में हैं' और फ़ोन करने वाला मनुष्य ठीक से बता नहीं पा रहा था। वह कोशिश कर रहा था, पर सफल नहीं हो रहा था। वह जानता तो था, पर घबराहट के मारे उसके मुख से ठीक बात निकल नहीं पा रही थी। वह बार-बार कह रहा था–'मैं उनका भाई हूँ' और दूसरी ओर की सहनशील आवाज़ या सहनशील बनी हुई आवाज़ शायद बार-बार पूछ रही थी कि वे किस विभाग में काम करते हैं? यहाँ तो सैकड़ों लोग काम करते हैं, विभाग के बिना कैसे पता चले? टेलीफ़ोन करने वाले के पीछे, कतार में खड़ा आदमी लगातार सिगरेट के लम्बे कश खींच रहा था और आँखें फाड़कर टेलीफ़ोन करने वाले की ओर देख रहा था। अन्त में वह ज़रा गुस्से से ही बोला, 'जल्दी कीजिए, हमें भी फ़ोन करना है।' कतार में खड़े लोग बेचैन, उतावले हो रहे थे, लेकिन लाख कोशिश करने पर भी वह टेलीफ़ोन पर बात करने वाला व्यक्ति अपने भाई के विभाग का नाम बता नहीं पा रहा था। वह सिर्फ़ यही कहता रहा कि 'वे आपके

ही कारखाने में काम करते हैं, मैं उनका बड़ा भाई बोल रहा हूँ। कृपया आप उन्हें देखिये और फ़ोन पर बुलाइये। हमारी माँ बड़ी चिन्तित हैं।'

लेकिन शायद दूसरी ओर की सहनशील आवाज़ की सहनशक्ति समाप्त हो गयी और डिसकनेक्ट हो गया। फ़ोन पर ठीक से बात न कर सकने वाले उस व्यक्ति ने ज्यों-त्यों कर रिसीवर पिन पर रख दिया और वह हताश-सा कतार से दूर हो गया। उसके पीछे का व्यक्ति आगे बढ़ा। कतार से दूर होने वाले व्यक्ति को अपने भाई के विभाग का नाम ही याद नहीं आ रहा था, जानते हुए भी याद नहीं आ रहा था। रोज़ ज़बान पर आने वाली बातें आज परायी हो गयी थीं... उसके काले स्याह चेहरे पर एक मूढ़ता का भाव था।

कतार में खड़े दूसरे व्यक्ति ने जल्दी-जल्दी में एक नम्बर घुमाया। वह एंगेज़्ड था। वह बार-बार वही नम्बर घुमा रहा था और वह एंगेज़्ड मिल रहा था। अब उसके पीछे वाला व्यक्ति आगे बढ़ना चाहता था। अन्त में अगले व्यक्ति ने बड़े निश्चयपूर्वक फिर से नम्बर घुमाया और वह मिल गया। नम्बर घुमाने वाले व्यक्ति के घबराये हुए चेहरे पर खुशी की रेखा उभर आयी। उसने सिगरेट का एक लम्बा कश खींचा और नाक से सीने तक धुआँ छोड़ दिया। उसने नाम बताया, तो उस नाम का व्यक्ति फ़ोन पर आया। तब फ़ोन करने वाला व्यक्ति बेतहाशा बोलने लगा, 'हैलो, मैं सुरक्षित हूँ, ठीक हूँ। मुझे कुछ नहीं हुआ है। बहुत बड़ी दुर्घटना हो गयी है। बहुत आदमी मर गये लेकिन मैं बच गया। अगले कुछ डिब्बे चकनाचूर हो गये। शुरू में तो मैं कुछ समझ ही नहीं पाया।' और वह फिर वही बात बार-बार दोहराने लगा—मैं बच गया...बहुत बड़ी दुर्घटना...बहुत मर गये... मुझे कुछ नहीं हुआ...बहुत खून बहा...गाड़ी चकनाचूर हो गयी...। फिर उसके पीछे खड़े व्यक्ति ने उसकी कमीज़ खींचकर उसे इशारा किया कि जल्दी कीजिए। पीछे खड़े सभी लोगों ने उसका समर्थन किया। तब उसने कहा, 'अब मैं घर जाता हूँ, आपको सूचित करने को रुका था।' यह कहकर आखिर में उसने फ़ोन रख ही दिया, पीछे खड़े लोगों पर धुआँ छोड़ा और हवा में तैरता-सा चला गया। आज के दिन तो वह बहुत भाग्यशाली था। वह बच गया था, वह ज़िन्दा था।

उसके पीछे वाले व्यक्ति की उँगलियाँ डायल के नम्बर पर ठीक से ठहर नहीं रही थीं। वह आधा नम्बर घुमाता और 'चक्' करके उस नम्बर को तोड़ देता है। इस तरह दो-चार बार करने पर उसका नम्बर लगा और फ़ोन मिला। दूसरी ओर से आवाज़ आयी तो इसके होंठों से शब्द ही गायब थे। उसका कण्ठ ऊपर-नीचे हो रहा था, होंठ हिल रहे थे लेकिन शब्द उभर नहीं रहे थे। गला आवेग में रुद्ध हो रहा था। शायद दूसरी ओर से 'हैलो-हैलो' की आवाज़ आ रही थी। आखिर

इसने ज्यों-ज्यों करके 'हैलो' कहा और बताया कि मैं अमुक-अमुक से बात करना चाहता हूँ और थके हुए पाँवों से वह आगे की प्रतीक्षा करने लगा। उसे एक-एक क्षण असह्य हो रहा था। उसने अपनी आँखें मूँद ली थीं—और अन्त में शायद वे अमुक-अमुक फ़ोन पर आ गये थे। वह बार-बार पूछने लगा, 'कौन शान्ता? तुम ही हो न?' 'हाँ' की स्वीकारोक्ति मिलने पर भी उसे विश्वास नहीं हो रहा था। उत्तर मिलते ही वह 'थैंक्यू' कहकर फिर पूछता है, 'तुम शान्ता ही बात कर रही हो न? शान्ता ही हो न? थैंक्यू! सुरक्षित हो न? मैं बहुत चिन्तित था, शान्ता! दुर्घटना को ख़बर सुनने पर तो माँ बेहोश ही हो गयी। छोटी रोने लगी। आखिर गाड़ी पकड़कर दुर्घटना के स्थान पर गया, लेकिन वहाँ कुछ पता नहीं चला। पुलिस ने रोका। इसलिए बार-बार फ़ोन करता रहा। तुम शान्ता ही हो न? थैंक्यू! हैलो, शान्ता, तुम बच गयीं, चिन्ता मिट गयी। थैंक गॉड शान्ता! उस ऑपरेटर को भी मेरी ओर से धन्यवाद देना, उस भले आदमी ने तुमको फ़ोन पर बुला लिया। ठीक है, अब जल्दी घर आओ, लेकिन जल्दबाजी मत करो! मैं घर जाकर बता देता हूँ। अच्छा, तुम शान्ता ही बात कर रही हो न? थैंक्यू! अच्छा रख देता हूँ फ़ोन!' फ़ोन रखते-रखते वह फिर-फिर शान्ता और सारी दुनिया को 'थैंक्यू' कर रहा था।

कतार के समाप्त होने पर अब उस पहले व्यक्ति ने फिर से नम्बर लगाया था और सुन्न, काली स्याह मुद्रा से वह अपने भाई के विभाग का नाम याद करने की कोशिश कर रहा था।

रोमियो गुरुजी

हमारे एक अध्यापक कहा करते थे कि बदलते ज़माने के हर व्यवसाय का स्वरूप भी बदल जाता है। यदि उन्हें इस बात का ताज़ा प्रमाण मिल जाये कि यह स्वरूप कितना बदल सकता है; तो उन्हें अचम्भा होगा—नहीं, वे कुपित हो जायेंगे।

बीजापुर में एक गली है दरबार गली। इस गली में अन्य गलियों की तरह लड़कियाँ रहती हैं। सामान्य लड़कियों की तरह ये लड़कियाँ भी जल्दी-जल्दी बढ़कर बड़ी हो जाने के कारण कुछ युवतियाँ बन गयी हैं। इन युवतियों के साथ दिल्लगी करने के आरोप में बीजापुर की पुलिस ने एक युवक को पकड़ा। वह युवक लगभग छब्बीस वर्ष का था। इस युवक ने न सिर्फ़ उन युवतियों के साथ दिल्लगी की, बल्कि ऊँची आवाज़ में सीटियाँ भी बजायीं। और, केवल सीटियाँ बजाकर वह रुक जाता तो कोई बात नहीं थी, लेकिन वह रात के अँधेरे में, आने-जाने वाली लड़कियों को कंकड़ भी मारा करता था। यदि शरारत करने का उसका यह पहला अवसर होता, तो बात रुक जाती, लेकिन समाचारों में कहा गया है कि उसके विरुद्ध पुलिस के पास पहले भी शिकयतें आयी थीं। इससे हम उस युवक की ठीक से कल्पना कर सकते हैं। वह अपने को हिन्दी फ़िल्मों का कोई शम्मी कपूर आदि समझता होगा। इस नाम के हीरो हिन्दी फ़िल्मों में केवल यही काम करते हैं और ऊपर से जंगली गायन और नृत्य करते हैं।

लेकिन यह युवक बीजापुर की प्राथमिक शाला में अध्यापक है।

दिन के हाई स्कूल के अध्यापक को रात के नाइट स्कूल में ऊँघते छात्रों को पढ़ाते हुए हमने देखा है। चूँकि उसको हाई स्कूल से मिलने वाला वेतन उसकी बढ़ती हुई घर-गृहस्थी के लिए पूरा नहीं पड़ता, इसलिए उसका ऐसा करना उचित ही है; लेकिन दिन का प्राथमिक अध्यापक रात में गली की युवतियों को उद्देश्य कर सीटियाँ बजाता है और कंकड़ मारता है, तो यह उचित नहीं लगता। हमारे ऊपर उल्लिखित अध्यापक इसे पढ़ने पर लाल-पीले हो जायेंगे। वे यही चाहेंगे

कि उस प्राथमिक अध्यापक को ढूँढ़ कर उसके दोनों हाथों पर पचास बेंत लगाये जायें और ऊपर से उसे मुर्गा बनाया जाये।

लेकिन अध्यापक कैसा होना चाहिए? वह प्रभावशाली हो, सीधी राह चलने वाला और गरीब स्वभाव का हो। भले ही उसका मिजाज़ गरम हो, लेकिन वह मन से वाहियात न हो। युवा होने पर भी उसे घर को छोड़, बाहर की नारी जाति की ओर यथासम्भव गर्दन उठाकर नहीं देखना चाहिए। उसका मन-ही-मन में सीटियाँ बजाना भी कल्पनातीत है क्योंकि इसे अशिष्टता माना जाता है। वह थप्पड़ और छड़ियाँ—क्षमा करें, अब छड़ियाँ मारने की भी मनाही है—मार सकता है, लेकिन कंकड़ उसे रोज़ के भोजन को छोड़ वर्जित होने चाहिए तथा उसका व्यक्तित्व शुद्ध, सदाचारी और निर्दोष हो। हमारे अधिकतर अध्यापक—प्राथमिक पाठशाला से ही—इस प्रकार के थे। एक अध्यापक तो पागलपन के दौरे से मुक्त होकर ठीक हुए थे। कभी-कभी वे पढ़ाई का सूत्र छोड़कर अनिवार, असम्बद्ध और अगम्य बातें किया करते थे, लेकिन उन्होंने भी न तो कभी सीटियाँ बजायीं और न कंकड़ ही मारे। एक अन्य अध्यापक ने एक बार एक भयंकर 'अपराध' किया था और उसका दण्ड उन्हें आगे वर्ष भर भुगतना पड़ा था। उन्होंने हम हाई स्कूल के छात्रों को एक मशहूर अंग्रेज़ी फ़िल्म की कहानी उसके दो-तीन चुम्बनों के साथ सुनायी थी। उस समय क्लास में सिर्फ़ लड़के—और वे भी वयस्क होती हुई उमर के—होने पर भी, उनकी वह 'हरकत' अध्यापक के पेशे पर आँच लाने वाली प्रतीत हुई थी। इस 'मामले' की कई दिनों तक जाँच की गयी और उसमें हमारे बयान भी लिये गये। बाद में पता चला कि उन अध्यापक महोदय ने लिखित रूप में क्षमा माँगी थी और फिर कभी ऐसी 'हरकत' न करने की शपथ ली थी पश्चात्तापयुक्त प्रतिज्ञा के साथ!

एक अन्य अध्यापक महोदय ने तो इससे भी बढ़कर महाभयंकर कार्य किया था। उन्होंने देवता-ब्राह्मणों को साक्षी बनाकर अपनी एक छात्रा से विवाह कर लिया था। इस घटना से स्कूल में हाहाकार मच गया था, जैसे स्कूल पर बम-वर्षा हुई हो। आगे कई दिनों तक स्कूल में सभी के मुख पर ऐसा भाव था, जैसे कोई भयंकर अनैतिक घटना हुई हो। गाँव के सभी लोग उन अध्यापक महोदय की ओर उँगली उठाकर आपस में कानाफूसी करते। वे अध्यापक जान-बूझकर अपनी पत्नी को घर पर ही रखकर अकेले ही बाहर जाते और वह अकेली कहीं बाहर जाती, तो वे घर पर ही रुकते। लोकलाज के भय से वे ऐसा करते थे—अपनी ही पत्नी के बारे में।

कहाँ लोकलाज के भय से अपनी ही पत्नी को दूर रखने वाले वे सत्शील व

सदाचारी अध्यापक और कहाँ यह युवा लड़कियों पर सीटियाँ बजाने वाला और कंकड़ मारने वाला बीजापुर का अध्यापक! कहाँ वे शाब्दिक चुम्बन के बारे में भी लिखित रूप में क्षमा माँगकर पश्चात्ताप व्यक्त करने वाले पुराने अध्यापक और कहाँ यह 'रोडसाइड रोमियो' के रूप में पुलिस के हाथों गिरफ्तार होने वाला नया अध्यापक!

सचमुच समझ में नहीं आता कि आगामी पीढ़ी का क्या होगा; लेकिन समझ में क्यों नहीं आता? वह देखिए, सामने के मकान से निकला एक छोटा स्कूली छात्र सिर पर बस्ता धरे, बरसात में स्कूल की ओर दौड़ते हुए ऊँची आवाज़ में गा रहा है—'चोरी-चोरी जो आँखें मिलीं तो लोग क्या कहेंगे...अजी बस, प्यार कहेंगे।'

हँऽऽ!

अबला जीवन, यह भी है तुम्हारी कहानी

नाम बताने की ज़रूरत नहीं है, लेकिन महिला मुझसे मिलीं और बोलीं कि मैं आजकल एक वर्कशॉप 'मैनेज' करती हूँ।

माशाल्लाह! महिला क्या कर सकती है, इसकी भी सीमाएँ हैं। वह अच्छा खाना पकायेगी, मीठे स्वर में गायेगी, दर्शनीय तथा श्रवणीय झगड़ा करेगी, निरन्तर बोलती रहेगी, जी-जान से प्रेम करेगी, सुचारु ढंग से घर-गृहस्थी चलायेगी, 'ए.डी.' या 'ए.जी.' के कार्यालय में नौकरी करेगी, आवश्यकता पड़ने पर पीठ पर बच्चे को बाँधकर घोड़े पर सवार होकर युद्ध करेगी! ये सारी बातें नारी से सम्भव हैं। लेकिन क्या वह वर्कशॉप भी चला सकती है? यन्त्रों और अनपढ़ तथा उजड्ड यन्त्रज्ञों के रूखे, ओंगनभरे, यान्त्रिक और पुरुषी जगत में महिला का मतलब है सागौन के घने जंगल में छुई-मुई का पौधा! वह थोड़े ही जंगल को 'मैनेज' कर सकता है?

इसलिए मैं खुद गया उन महिला का वर्कशॉप देखने।

अनगिनत अजीब-अजीब छोटी-बड़ी आवाज़ों के शोरगुल की 'इंडस्ट्रियल इस्टेट' नामक़ दुनिया की किसी एक मंज़िल के किसी एक कोने में भिनभिनाता उन महिला के आधिपत्य में संचालित वह वर्कशॉप था। भारी, चीखती, चकराती, काटती, छिद्र बनाती और पेंच डालती मशीनें, धातु के छोटे-बड़े आकार के टुकड़ों और बुरादों के ढेर, इधर-उधर फैला हुआ ओंगन और इनके बीच कड़ाही जैसे काले-कलूटे, चिकने, धातु जैसे सख्त, उग्र मुद्रा और तेलिया कपड़ों वाले मिस्त्री नामक मनुष्य काम कर रहे थे। इस सारे फैलाव से 'मैचिंग' करने वाली वे महिला उस तरफ़ की मेज़ के पास बैठकर काम कर रही थीं। उन्होंने चमकदार वायल की साड़ी पहन रखी थी।

यन्त्रों की खड़खड़ाहट की पृष्ठभूमि में उन्होंने आदतन ऊँची आवाज़ में मेरा स्वागत किया। वे बोलीं, 'पधारिए, यह है हमारा वर्कशॉप!' और उन्होंने दो कप कॉफी का ऑर्डर दिया।

कॉफी के आने तक उन्होंने मुझे अपना वर्कशॉप दिखाना चाहा और तदनुसार वे मुझे हर यन्त्र के पास ले जाकर उसका कार्य ब्योरेबार समझाने लगीं। वे यन्त्रों की एक-एक क्रिया इस तरह वर्णन कर रही थीं जैसे ऊन के ताने-बाने बुन रही हों। भूखे शेर जैसे लगने वाले एक-एक यन्त्रज्ञ को उन महिला के साथ अत्यन्त नम्रता से पेश आते हुए देखकर मेरा संसारी कलेजा पुरुषी सहानुभूति से भर गया हो तो उसमें आश्चर्य की क्या बात?

यन्त्र-निरीक्षण समाप्त हुआ और कॉफी आ गयी। मैंने उन महिला से कुछ सवाल पूछे। मैंने कहा, 'इस पुरुष यन्त्रज्ञवृन्द ने आपकी दासता को क्या यों ही स्वीकार कर लिया?' इस पर ओंगन से भरे हुए हाथ कपड़े से पोंछते हुए वे बोलीं, 'वे भला यों ही कैसे स्वीकार करते? पहली बात यह कि यहाँ आने से पहले मैंने यन्त्र सम्बन्धी आवश्यक जानकारी प्राप्त कर ली थी। इस विषय पर काफ़ी कुछ पढ़ा भी था। जिस दिन मैं आयी, उस दिन से पूरे हफ्ते भर मेरे मार्ग में रुकावटें पैदा करने और मुझे हराने की कोशिशें आपके इन मर्द भाइयों ने कीं; लेकिन मैंने भी कच्ची गोलियाँ नहीं खेली थीं। उन्होंने फ्यूज उड़ाये, यन्त्रों के पट्टे निकालकर रखे, कल-पुर्ज़े इधर-उधर रख दिये, लेकिन मैंने स्वयं फ्यूज़ लगाकर यन्त्र शुरू किये, मैं खुद पट्टे लगाने लगी और फिर मैंने सभी को धमकी दी कि जिसने कल-पुर्ज़े इधर-उधर रख दिये हैं, वह आप उन्हें लाकर यहाँ प्रस्तुत करें और उनके मिलने तक मैं कारखाना ही बन्द कर दूँगी; और कारखाना बन्द रखा भी! एक पूरे दिन मैं यहाँ सिर्फ़ बैठी थी और यन्त्र बन्द थे। वे लोग बाहर मँडरा रहे थे। मैंने उनसे निश्चयपूर्वक कहा कि ज़रूरत हुई तो मैं एक-दो-तीन मास तक भी कारखाना बन्द रखूँगी और आप लोगों के स्थान पर नयी महिला-मज़दूरों को लेकर उन्हें प्रशिक्षित करूँगी। इस धमकी से वें नरम पड़ गये।' (वैसे यह केवल धमकी ही थी, क्योंकि यहाँ के भारी काम करना महिलाओं के बूते की बात नहीं है—यह भी उन महिला की ही स्वीकारोक्ति थी।)

मैंने पूछा, 'क्या अब वे आपकी बात बिना शिकायत किये सुनते हैं?' वे बोलीं, 'सुनते तो हैं पर उनके चेहरों पर नापसन्दगी का भाव होता है। उन्हें यह गवारा नहीं होता है कि एक महिला उनकी प्रबन्धक बने और उन पर हुकूमत चलाये लेकिन उन्हें मज़बूरी से यह स्वीकार करना पड़ रहा है। मैं उन्हें अच्छा वेतन देती हूँ, उन्हें सुविधाएँ देती हूँ और साथ ही उनको एक-दूसरे के विरुद्ध लड़ाती भी हूँ ताकि वे इकट्ठा होकर मेरे विरोध में खड़े न हो जायें। ('बचपन से घर में लगी आदत यहाँ काम आती है'—उक्त महिला।) अब मुझे इनसे सिर्फ़ यही तकलीफ़ है कि जब मैं किसी दिन थोड़ी कीमती साड़ी, नये फैशन का ब्लाउज़ या ज़ेवर

पहनकर आती हूँ तो उनकी त्यौरियाँ नाहक चढ़ जाती हैं, मानो यह सब कुछ उन्हीं के पैसों से करती हूँ। मेरे पास किसी पुरुष का आना ी उन्हें पसन्द नहीं है। ऐसे समय पर वे तुरन्त छोटी-छोटी बातों में उलझकर असहयोग करने लगते हैं, काम में देर करते रहते हैं। कभी-कभी उनमें से किसी का पुरुषत्व जाग उठता है। मैं उसकी नज़र से ही ताड़ लेती हूँ। फिर किसी कारण से मैं सभी के सामने उसे आड़े हाथों लेती हूँ जिससे वह चुपचाप, सिर झुकाकर काम में लग जाता है।'

हँऽऽ... मैंने एक लम्बी साँस छोड़ी। बाहर आते समय सोच रहा था कि इस क्षेत्र में भी पुरुषों का यह हाल है। सचमुच महिला का कोई मुक़ाबला नहीं है।

बाल-बराबर सच

इस बार लगभग सभी दीपावली विशेषांकों में एक केशवर्धक तेल का विशिष्ट विज्ञापन छपा है। अब तक केशवर्धक तेलों के निर्माता अपने विज्ञापनों में केवल पुरुषों के ही गंजे सिर दिखाया करते थे और उनके चित्र सामने से लिए होते थे, लेकिन इस विज्ञापन में कैमरे से सिर के ऊपर से नीचे की ओर एक गंजे सिर का 'विहंगम दृश्य' लिया गया है और वह गंजा सिर भी एक महिला का है। इस चित्र के बगल में दूसरा चित्र भी छपा हुआ है और उसमें ऊपर से घने बालों का जूड़ा दिखाया गया है। इस विज्ञापन का अर्थ है कि पहले चित्र की महिला को उक्त तेल के इस्तेमाल से दूसरे चित्र में दिखायी गयी घनी केशराशि प्राप्त हुई है।

यह तो मैं नहीं जानता कि ऐसे चमत्कार होते हैं या नहीं अथवा चिकने सिर पर बालों के जंगल उगाने वाले केशवर्धक तेल वास्तव में हैं या नहीं; लेकिन इतना ज़रूर है कि मेरे एक मित्र ने ऐसे विज्ञापनों और केशवर्धक तेलों के जाल में फँसना हमेशा के लिए छोड़ दिया है और सीधे-सीधे गंजेपन को स्वीकार कर लिया है।

वैसे मेरे मित्र का व्यक्तित्व सुन्दर और किसी को भी प्रभावित करने वाला है। उसमें पिछले वर्ष एक ही छोटी कमी पैदा हो गयी। सिर के पीछे, काले घुँघराले घने बालों में मेरे मित्र के माथे पर एक छोटा-सा चँदवा उभरने लगा। पहले वह बहुत ही छोटा था और किसी के भी ध्यान में नहीं आता था। फिर वह धीरे-धीरे बढ़ने लगा। तब कोई-कोई उसकी ओर मेरे मित्र का ध्यान दिलाने लगा। कंघी करते समय मित्र की कंघी भी उसे दिनोंदिन महसूस कराने लगी। मित्र परेशान हो गया। उमर तो अभी पैंतीस की भी नहीं हुई थी, और अभी विवाह भी नहीं हुआ था; और इतनी जल्दी आने वाले इस गंजेपन से स्थिति ने गम्भीर मोड़ लिया। मेरा मित्र अब हरदम अपने गंजेपन का ही विचार करने लगा। कहीं भी भीड़ में उसकी नज़र अन्यों के छोटे-बड़े गंजेपन को निहारती रहती और फिर बड़े तथा खुले चँदवा को देखकर मेरा वह संवेदनशील मित्र अपने भीषण भविष्य की कल्पना से बेचैन होने लगा।

किसी का गंजा सिर देखने पर हर एक को सलाह देने की आदत होती है। गंजे सिर वालों की सलाह भुक्तभोगी की सलाह होती है, तो बिनगंजे लोग सुना-सुनाया और पढ़ा हुआ इलाज सुझाकर अपनापन जताते हैं। गंजे सिर वालों के लिए यह भी एक मुसीबत ही होती है। ऐसे समय पर मेरे उस भावुक मित्र की स्थिति बड़ी पेचीदा हो जाती थी। उसे सभी सुझाव गम्भीरता से सुनने पड़ते थे। अपने गंजेपन की इस सार्वत्रिक चिन्ता से घबराकर वह कई सुझावों के अनुसार ईमानदारी से इलाज भी कराता था लेकिन गंजेपन की स्थिति सुधरने के बजाय दिनोंदिन खराब ही होती जा रही थी। वह सामने से जितना जवान दिखता था, पीछे से उतना ही अधेड़ लगता था। बालों को कंघी का स्पर्श होते ही उसमें दो-चार बाल जड़ सहित आ जाते और उन्हें देखकर वह और ही चिन्तित हो उठता।

जब वह कसम खाकर कहता है कि उसने इस प्रकार के सभी उपलब्ध उपाय किये, लेकिन सफलता दूर ही रही तो उसकी बातों पर हमें भरोसा करना चाहिए। एक बार वह किसी दावत में गया तो वहाँ संयोग से एक रामबाण केशवर्धक औषधी का पता चला। यह विदेशी औषधी थी और सभी दूकानों में मिलने वाली नहीं थी। इसके अलावा वह बहुत महँगी भी थी। उसके प्रयोग से गंजे सिर पर बाल उगने के प्रमाण-स्वरूप उसे कुछ नाम-पते भी दिये गये थे, इसलिए अविश्वास का कोई प्रश्न ही नहीं था। दूसरे ही दिन मेरे निरुपाय मित्र ने सारे कुलाबा क्षेत्र की खाक छानकर एक दूकान में उक्त केशवर्धक तेल की खोज कर ली और मुँह माँगे दाम देकर, वह रासायनिक चमत्कार लेकर वह बड़ी खुशी और उमंग से घर लौटा।

रात के समय सभी कार्यों से निबटकर, उसने वह जादूभरी केशवर्धक रसायन की बोतल बाहर निकाली। उस पर लगा सुन्दर, मुलायम वेष्टन नाजुक उँगलियों से तोड़ा। फिर भीतर की सुन्दर रंगरूप वाली बोतल को हलके हाथ से सहेजा, उसे सूँघा। उसके बाद वह बोतल के साथ चार भाषाओं में दी गयीं विवरणिका पढ़ने लगा और एकदम से दो-चार हज़ार वोल्ट के बिजली के धक्के जैसा महसूस कर वह निस्तब्ध हो गया। फिर होश सँभालते ही उसने वह बोतल, उसका वेष्टन और संलग्न चार भाषाओं की विवरणिका—सब कुछ कूड़ेदानी में फेंककर उसने तमाम केशवर्धक तेलों से मुक्ति पा ली और वह आज तक मुक्त है। अब उसका गंजापन 'ट्यूब-लाइट' जैसा चमकदार बन गया है, लेकिन अब वह उसके बारे में किसी की सलाह या उपाय सुनने को राजी नहीं है।

आखिर उस विवरणिका में क्या था? उसकी सूचनाओं के अन्त में लिखा

हुआ था कि इस तरीके से रोज़ नियमित रूप से इस केशवर्धक तेल का प्रयोग करने पर शुरू के एक महीने में सिर के सभी बाल झड़ जायेंगे।

यहीं मेरे मित्र को धक्का लगा।

आगे कहा गया था कि महीने भर बाद नये, चमकदार, लम्बे, घने बाल उगेंगे, लेकिन मेरे मित्र ने सोचा, यदि न उगे तो? शायद केशविज्ञान की दृष्टि से यह बात सही होगी, लेकिन महीने भर के सम्पूर्ण और चिकने चँदोवे के बाद आने वाले चमकदार, लम्बे, घने बालों का विश्वास कर जो बचे-खुचे बाल हैं, उन्हें भी गँवा देना कहाँ की अक्लमन्दी है! और मान लो कि कल ये बाल भी चले जायें तो एक अद्भुत उपाय की बावली आशा से उन्हें एकदम गँवाने के बदले, उन्हें अपनी गति से जाने देना उचित होगा। उसमें कम-से-कम यह सन्तोष तो होगा कि हमने उनको गँवाया नहीं है। और सच कहूँ, तो अब पूरा सिर गंजा हो जाने से उसने इसके बारे में सोचना ही छोड़ दिया है। कई लोगों के सिर गंजे होते हैं, फिर बालों को सजाने-सँवारने और हजामत भी तो एक झंझट ही है।

ख़ैर, जाने दीजिए। लेकिन मेरे मित्र के विचार में यह बाल-बराबर सच तो अवश्य ही है कि चमत्कार की आशा से अपने पास का गँवाने के बदले, जो है उसी को, उसके चले जाने तक सँभालकर रखने में ही अक्लमन्दी है।

मामला सिर्फ़ पाँच रुपयों का

वैसे मामला बहुत बड़ा नहीं है। दादर स्टेशन के पास मैंने शाम को टैक्सी ले ली और किंग्ज़ सर्कल तक गया। गन्तव्य स्थान आने पर मैंने टैक्सी वाले को रोका और उसे दस रुपये का नोट दिया। उसने एक रुपये नब्बे पैसे का बिल काटकर मुझे तीन रुपये दस पैसे वापस दे दिये। मैं उससे बाकी पाँच रुपये मिलने की प्रतीक्षा करने लगा लेकिन वह चुप था। वह लाल-गेहुँए वर्ण का अधेड़, दढ़ियल आदमी था। वह मेरे टैक्सी से उतर जाने का इन्तज़ार कर रहा था। मैंने पूछा, 'भाईजी, बाकी पाँच रुपचे?'

वह झट से पीड़ादायक चेहरा बनाकर बोला, 'साहब, आपने मुझे पाँच रुपये दिये, एक रुपये नब्बे पैसे का बिल काटकर मैंने आपको तीन रुपये दस पैसे वापस दे दिये। हिसाब चुकता हो गया।' वह अपनी जेब से नोटों का पुलिन्दा निकालकर उसमें से पाँच रुपये का एक नोट दिखा रहा था।

मुझे उस पर गुस्सा आया, आश्चर्य भी हुआ। मैं अपने क्रोध पर काबू कर बोला, 'मेरे पास तो पाँच रुपये का नोट था ही नहीं, सभी दस-दस के नोट हैं। हिसाब से मुझे और पाँच रुपये मिलने चाहिए।'

न मैं उतरने को तैयार था, न वह पाँच रुपये देने को राज़ी था। वह बार-बार मुझे अपने हाथ का पाँच रुपये का नोट दिखा रहा था जबकि मेरे मन में इस बारे में ज़रा भी सन्देह नहीं था कि मैंने उसे दस रुपये का नोट दे दिया है। मैंने उसे फिर निश्चयपूर्वक कहा, 'देखिये, आप गलत कह रहे हैं। सिर्फ़ पाँच रुपये के लिए यह चालाकी? आप चुपके से मेरे पाँच रुपये वापस कर दीजिए और इस क़िस्से को ख़त्म कर दीजिए।' इस पर वह मेरे सामने हाथ का नोटों का पुलिन्दा गिनने का ढोंग करने लगा और बात का बतंगड़ बनाकर कहने लगा कि मैंने उसे पाँच ही रुपये दिये हैं।

मेरे टैक्सी से न उतरने से उसे थोड़ी कठिनाई हुई होगी और मैं भी बच्चों के खेल की तरह हाथों-हाथ पाँच रुपये गँवाना नहीं चाहता था। मैं शान्ति से

उसकी गाड़ी में बैठकर उसे बार-बार यही बता रहा था कि मैंने निःसन्देह आपको दस रुपये दिये हैं।

आखिर वह कसमें खाने लगा। कहने लगा, 'हराम के पैसे ले लूँगा तो अगले जन्म में कुत्ता बन जाऊँगा। मैं मेहनत की कमाई खाता हूँ, फिर झूठ क्यों बोलूँ? आप चाहें तो मन्दिर चलिए, मैं वहाँ भी कसम खाने को तैयार हूँ।' अन्त में वह बीवी-बच्चों की क़सम खाने लगा, ईश्वर और धर्म का हवाला देने लगा।

मेरा गुस्सा बेकाबू हो रहा था। सीधे-सीधे दस रुपये लेकर और उस में से पाँच रुपये हड़प कर, ऊपर से यह आदमी बीवी-बच्चों की कसम खाता है? सरासर धोखा देकर ईश्वर और धर्म की बात करता है?

मैंने सन्तप्त स्वर में कहा, 'इसका क्या मतलब है? क्या आप कहना चाहते हैं कि मैं झूठ बोल रहा हूँ? आप जैसा मेहनती आदमी पाँच रुपये के लिए चोर-लफंगों जैसी चालाकी करे यह ठीक नहीं है। अगर आप में थोड़ी-सी भी सचाई बाकी हो तो पहले यह कसमों की भाषा बन्द कर दीजिए। मैं यह पक्का जानता हूँ कि मैंने आपको दस रुपये दिये हैं और आप मेरी बात से इनकार नहीं कर सकते। जब तक आप पाँच रुपये वापस नहीं करते मैं टैक्सी से उतरने वाला नहीं।'

अब कुछ लोग वहाँ जमा हो गये। वह टैक्सी वाला फिर एक बार अपने माँ-बाप से लेकर बीवी-बच्चों तक की कसमें खाकर लोगों को विश्वास दिलाने लगा कि मैंने उसे पाँच ही रुपये दिये हैं। वह मुझे कोतवाल को डाँटने वाला उलटा चोर साबित करना चाहता था।

उसने अपनी बात से देखते-देखते बहुमत अपने पक्ष में कर लिया। उसकी तुलना में मेरा मितभाषी होना सभी को खटकने लगा। एक-दो ने तो मुझे डाँटकर टैक्सी से उतर जाने को कहा। भीड़ और बढ़ गयी। वह आँखों में पानी लाकर सभी को अपनी विश्वसनीयता पटा रहा था।

मैंने थोड़ा समय निकाला। आसपास कोई पुलिस वाला दिखायी नहीं दे रहा था। मेरे पास अधिक समय नहीं था। मैं देख रहा कि भीड़ बढ़ रही है और वह टैक्सी वाले के पक्ष में है। फिर थोड़ा सोचकर मैं टैक्सी से उतर गया और भीड़ की हुल्लड़ को टालते हुए अपने रास्ते चला गया।

रात के समय मैं लोकल पकड़ने के लिए दादर स्टेशन जा रहा था और सड़क के अँधेरे में एक टैक्सी से मुझे सुनायी दिया—'वही, अरे वही जेन्टलमैन है। थोड़ी देर पहले साले को पाँच रुपये के लिए काटा...।' और फिर दबी, कुत्सित हँसी!

मुझे मुड़कर देखने की इच्छा नहीं हुई। बोलने वाले की आवाज़ को मैंने तुरन्त पहचाना—वही शाम का टैक्सी वाला था—ईश्वर तथा धर्म का हवाला देने वाला

और माँ-बाप तथा बीवी-बच्चों की कसमें खाने वाला, आँखों में पानी लगाकर लोगों को अपनी सचाई का वास्ता देने वाला!

सोचा, वापस जाकर, उसकी गर्दन पकड़कर उसे दो-चार तमाचे लगाऊँ और उससे कहूँ कि अरे भले मानस, मुझे पाँच रुपये गँवाने का दुःख नहीं है, लेकिन ईश्वर और धर्म का झूठा हवाला देते, बीवी-बच्चों की झूठी कसमें खाते हुए तुझको शर्म नहीं आयी? फिर ये पवित्र बातें पाँच रुपल्ली जैसी अदना रकम के सामने निरर्थक हैं? पाँच रुपये के लिए तुमने अपने माँ-बाप और बीवी-बच्चों को दाँव पर लगा दिया। तुमको आदमी भी क्यों कहा जाये?

लेकिन मैं जानता था कि मैं ऐसा कुछ भी नहीं कर सकता। किसी भी सफ़ेदपोश आदमी जैसा ही मैं दुर्बल और निरुपद्रवी था।

मैं अपने रास्ते चला गया, लेकिन अब भी उस घटना की याद से परेशानी होती है। सोचता हूँ, जब तक इस दुनिया में उस टैक्सी वाले जैसे क्षुद्र और लफंगे और मुझ जैसे दुर्बल और सहनशील लोग बड़ी संख्या में हैं, तब तक यह दुनिया जीने लायक नहीं है।

आदमी को थोड़ा तो आदमी जैसा होना चाहिए—थोड़ा ईमानदार, थोड़ा सरल और थोड़ा गरम ख़ून वाला।

एक ही उपाय

बस, अब हम जल्द-से-जल्द अपनी खुद की एक टैक्सी रखेंगे।

क्योंकि 'कार' बड़े लोगों का लक्षण है और उस वर्ग में हमारे शामिल हो जाने की कोई गुंजाइश नहीं है। हम ठहरे छोटे लोग! लेकिन छोटे लोग क्या-क्या सहें, इसकी भी तो कोई सीमा हो।

काम पर जाते समय बस के लिए खड़े रहो। पहले तो इसके लिए एक-एक घण्टा प्रतीक्षा करनी पड़ती है, क्योंकि जब हम कतार में लगते हैं, तब हमारा नम्बर लगभग तेईसवाँ या चौबीसवाँ होता है। कतार के बाहर खड़े रहकर ऐन समय पर बस में घुसने वाले 10-15 चपल और धूर्त लोगों के कारण यह नम्बर एकदम तीस-पैंतीस के ऊपर चला जाता है। यह सबकुछ सहने के बाद जब हम बस के द्वार तक पहुँचते हैं और जैसे ही फुटबोर्ड पर एक क़दम बढ़ाने लगते हैं कि कंडक्टर दमकल की तरह घण्टी बजाकर गुर्राता है–'जगह नहीं, नीचे उतरो।' ठीक है, पर इतने ज़ोर से चिल्लाने की क्या ज़रूरत है? कान के पर्दे फट जाते तो? डर के कलेजा झट से बन्द हो जाता तो? हम पर यों चिल्ला रहे हो जैसे हम कोई भिखारी-विकारी या लावारिस जानवर हैं। अरे बाबा, हम भी टिकट खरीदकर ही सफर करते हैं। महीने की तीस तारीख को भी हमारे पास इतने पैसे होते हैं! लेकिन बात गयी और कुत्ते की जात पहचान ली गयी। फुटबोर्ड पर रखा हुआ पाँव, डरते हुए, जैसे-तैसे उठाकर फिर से कतार में रखने से पहले ही बस धक्के से दौड़ने लगती है और हम गिरते-गिरते बाल-बाल बच जाते हैं। इसे देख सभी हँसते हैं। किसी तरह अपने को सँवारते हुए देखते हैं तो बाद में चतुराई से चढ़े हुए एक-दो जनों को लेकर बस मोड़ पर शान के साथ ओझल हो जाती है। फिर हमीं ने ऐसा कौन-सा अपराध किया है कि कतार में आगे रहने पर भी हम पर बस के अभाव में फिर से आधा-पौना घण्टा सड़क पर गुज़ारने की नौबत आये?

तिस पर हम सपरिवार हों तो 'वेस्ट' का आदमी बच्चों या हमारी श्रीमती को ही बस में लेकर, हमें सड़क पर ही रहने को विवश कर देता है–याने उसकी

नज़र में हम कचरा और श्रीमती तथा बच्चे प्रतिष्ठित मुसाफिर! बाप को 'पहले नीचे उतरो' की गुर्राहट और बच्चों तथा उनकी माँ को सफर की सुविधा? कंडक्टर साहब, यह कहाँ का न्याय है? लेकिन शिकायत करने की देर कि वह कर्तुमकर्तुम् 'जनता का सेवक' सभी को नीचे उतारकर बस़-समेत आगे बढ़ जाता है। बिगड़ने पर तो वह सरफिरा ठीक से उतरने भी नहीं देता। भले ही दो-चार लोग सड़क पर लुढ़क जायें, उसे कोई परवाह नहीं। वह कहेगा—'खाली-पीली मगज़ खाती है यह.....की पब्लिक।'

जाने दीजिए! बस के झंझट में न पड़कर थोड़ी-सी खर्चीली ही सही लेकिन सुखमय टैक्सी की ओर चलें। इशारा करते ही रुकने वाली और जहाँ चाहे वहाँ तेज़ी से ले जाने वाली सरकार मान्य, जतना की सवारी है टैक्सी! फिर उसमें निश्चित रूप से बैठने के लिए जगह होती ही है, कोई परेशानी नहीं। चलिए, सड़क पर खड़ी टैक्सी ही ले लें। बीड़ी पीने वाला टैक्सी का 'सारथी' बिना हिले-डुले, अपनी जगह से, लाल सुर्ख आँखों से आपको टोकता है—'किधर जाना है?' वस्तुतः हमारे याने ग्राहक के, टैक्सी में बैठने के बाद उसको यह आदरपूर्वक पूछना चाहिए। खैर! जैसे ही हम स्थान का नाम बताते हैं, वह बीड़ी का एक लम्बा कश लेकर, धुआँ हमारे मुँह पर छोड़कर कहता है, 'नहीं जाना है।' नहीं जाना है का क्या मतलब? खाली टैक्सी वाले को जहाँ ग्राहक कहे वहाँ जाना ही चाहिए। कानून ही है। लेकिन टैक्सी वाला साफ़ इनकार कर देता है—सुप्रीम कोर्ट के फ़ैसले जैसा! लेकिन अरे भले आदमी, तुम टैक्सी चलाते हो और आये हुए ग्राहक से किसी पुश्तैनी कुबेर की अकड़ से कह देते हो—'नहीं जाना है?' हम तुमको मुफ्त ले जाने या किसी जंगल-वंगल में तो जाने को नहीं कहते। पता तो सरल है, पर इनकार कायम है। इसके आगे तो वह एक शब्द भी खर्चने को तैयार नहीं होता सिर्फ़ धुएँ के तुच्छता भरे कश छोड़ता है। कानून की बात करते ही वह अकड़कर कहता है—'जो करना हो, करो।' दूसरे शब्दों में वह कहना चाहता है, 'आप जैसे झींगुर हमारा बाल भी बाँका नहीं कर सकते। चले जाओ यहाँ से!'

खड़े हुए टैक्सी वालों का यह हाल है, इसलिए खाली जा रही टैक्सी को ही रोकेंगे। रुकने का इशारा करने पर भी वे पट्ठे नाक की सीध में चले जाते हैं, जैसे हम पागल हुए, जैसे हम केवल टैक्सी में ही नहीं, बल्कि टैक्सी की पिछली 'डिकी' में भी रखने लायक न हों। फिर भी ज़रूरी काम होने से शहीद के जोश से किसी टैक्सी को रोकें तो वह ऐसी मुद्रा बनाता है जैसे टैक्सी के सामने, गधा आ गया और फिर कहता है—'चर्चगेट चलना हो तो ही चलो', 'सिर्फ़ भेंडी बाज़ार जाना है', 'मैं महालक्ष्मी तक जाऊँगा' आदि। इसका मतलब

है कि आपको कहीं भी जाना हो, उसने अपना निर्णय कब का पक्का कर लिया है। चाहो तो आ जाओ, अन्यथा चले जाओ। उसकी मर्ज़ी के अनुसार जो आने को तैयार हो, वही उसका ग्राहक। औरों की मर्ज़ी के अनुसार कहीं भी जाने के लिए उसके पास समय नहीं है।

संक्षेप में, इस बम्बई में हम-आप जैसों की कोई ख़ैरियत नहीं है। समय पर और निश्चित रूप से सफ़र करना हो, तो हमारे सामने एक ही चारा है और वह है स्वयं अपनी बस या टैक्सी रखना। बस तो बहुत भारी होती है, उसकी तुलना में टैक्सी अच्छी होती है—कम से कम रात में रसोई घर में तो रखी जा सकती है।

और एक कतार

'एक कक्षा में अधिक-से-अधिक पैंतालीस छात्र'—इस नये सरकारी आदेश के कारण अनगिनत बच्चों को हाई-स्कूल में प्रवेश प्राप्त करने में बड़ी परेशानी हो गयी है और जब मुझे पता चला कि सरकार ने स्वयं ही यह काम अपने हाथ में ले लिया है और अभिभावकों के लिए 'ओल्ड कस्टम हाउस' में आवेदन पत्रों का प्रबन्ध कर दिया है, तब मैं पिछले सोमवार को वहाँ गया। वहाँ बड़ी भीड़ उमड़ पड़ी थी। उसे देखकर लगा, कहीं यहाँ 'गाइड' फ़िल्म का 'प्रीमियर शो' तो नहीं है? पर अन्तर यह था कि 'गाइड' के द्वार पर लड़के कतार बनाकर खड़े थे, तो यहाँ थे उनके अभिभावक!

वास्तव में यहाँ सिर्फ़ आवेदन पत्र मिलने वाले थे और प्रवेश की बात तो दूर ही थी। फिर भी 'ओल्ड कस्टम हाउस' के द्वार को लोग शायद किसी तेज़ लोकल-गाड़ी का दरवाज़ा समझ कर बीच-बीच में ठेला-ठेली कर रहे थे जबकि 'गाइड' के लिए शोरगुल ही ज़्यादा था। वैसे दोनों पर पुलिस के सिपाही कुछ न करते हुए शान्ति से खड़े थे।

साढ़े दस बजे ही धूप तेज़ हो गयी थी। बदन से पसीने की धारें बह रही थीं और सुबह के आठ बजे से कतार में खड़े विभिन्न जनसमुदायों के लोगों के मुख से सरकारी नीति के खिलाफ़ कटु वचनों और गर्मागर्म गालियों की बौछार हो रही थी। मैंने उस रेल-पेल में धक्कों-पर-धक्के सहते हुए, सरकार के माता-पिता तक पहुँचने वाले, कतार में खड़े एक कनिष्ठ-वर्ग के अभिभावक को, सरकार की नीति के मूल में निहित शिक्षा-सुधार की लगन को स्पष्ट करके समझाने की कोशिश की। मैंने कहा, 'यदि एक-एक कक्षा में साठ-साठ छात्रों को लिया जाये तो अध्यापक उनकी ओर व्यक्तिगत रूप से कैसे ध्यान दे सकेगा? इसी से तो शिक्षा को बाज़ारी रूप प्राप्त हुआ है।' इस पर उसने किसी को एक धक्का देकर मुझसे प्रतिप्रश्न किया, 'हमारे बच्चों को स्कूल में प्रवेश न मिलने से वे आवारा बन जायें, तो सरकार के अमुक-अमुक को उसकी क्या परवाह?

एक कक्षा में भले ही सौ छात्र हों, हमारे लड़कों को प्रवेश मिल जाने पर हमारी कोई शिकायत नहीं होगी, फिर चाहे लड़के सीखें या (चुटकियाँ बजाते हुए) 'यों' करें। ज़रूरत है उनके 'एंगेज्ड' रहने की। हम ठहरे बम्बई के बाहर वाले। किसी तरह तिकड़म भिड़ाकर एक मकान ले लिया और परिवार को बम्बई ले आये, तो यहाँ इस नयी सरकारी मुसीबत से पाला पड़ा।' मैं एक बड़ा धक्का सहकर बोला, 'थोड़े समय के लिए यह भले ही मुसीबत हो, पर सभी लड़कों को स्कूलों में प्रवेश दिलाने का अभिवचन शिक्षाधिकारी ने दिया है।' इस पर पसीने से तर नाक को पोंछते हुए वह बोला, 'सरकार ने घोषणा की है कि घासलेट की कोई कमी नहीं है, फिर खाली डिब्बे लेकर लाइन में नम्बर लगाने क्यों दौड़ना पड़ता है? रोज़ अलग-अलग कतारों में खड़े होकर कमर टूट जाती है, तिस पर यह नयी शिक्षा की कतार!' फिर उसने दस-पाँच अपशब्द कहे। फिर भी हिम्मत न हारते हुए मैंने कहा, 'आप भी कमाल करते हैं! हम सुधार तो चाहते हैं, लेकिन उसके लिए ज़रा भी तकलीफ़ उठाना नहीं चाहते।' इस पर वह घृणा के साथ थूकते हुए बोला, 'शायद आप कांग्रेसी हैं' और मेरी ओर पीठ करके खड़ा हो गया। सच है, सन्तप्त व्यक्ति के आगे समझदार की एक नहीं चलती।

इतने में पीछे से किसी ने मेरे क़न्धे पर थपकी दी। मुझे लगा कि आगे के व्यक्ति को भले ही मेरी बात उचित न लगी हो, पर पीछे खड़े किसी समझदार अभिभावक को मेरी बात जँची होगी। इस विचार से मैंने पीछे मुड़कर देखा तो ठाकुरद्वार के विट्ठलराव तिनईकर कड़कड़ाती धूम में पसीने से सराबोर, मुस्कुराते मुख से मेरी ओर देखते हुए कतार में खड़े थे।

मैंने अचम्भे से पूछा, 'अरे, आप और यहाँ? काम पर नहीं गये? और आपको इस झंझट में पड़ने की क्या ज़रूरत? आपको तो कोई बाल-बच्चा नहीं है। फिर?' इस पर विट्ठलराव हावभाव से बोले, 'आज मन नहीं था, इसलिए काम पर जाने के बहाने इधर आया। उफ! कितनी भीड़ है।' मैंने कहा, 'लेकिन आप कतार में खड़े दूसरे की बाधा क्यों बन रहे हैं? उधर जाकर छाया में खड़े हो जाते। इस उमर में आप कड़ी धूप सह नहीं सकेंगे, झट से 'स्ट्रोक' हो जायेगा।' किसी का बड़ा धक्का सहते हुए विट्ठलराव बोले (हावभाव से ही) कि वे पहले छाया में ही खड़े थे, लेकिन कतार में एक महिला खड़ी थी। वह अपने बच्चे को स्कूल में प्रवेश कराना चाहती थी। शायद उसके घर में कोई पुरुष नहीं था याने वह विधवा थी। वह अपने बच्चे के खुले सिर पर साड़ी का पल्लू धरकर खड़ी थी और वह बच्चा यह मानकर बार-बार उसका पल्लू अपने सिर से हटा रहा था कि 'अब मैं छोटा नहीं हूँ।' फिर भी वह बार-बार पल्लू से ढाँक ही रही थी और भीड़

के धक्के खा रही थी। विट्ठलराव ने उसे आवेदन-पत्र दिलाने का ज़िम्मा स्वयं उठाया और उसे तथा उसके बच्चे को छाया में खड़ा कर वे स्वयं कतार में खड़े रहे। उस महिला को आवेदन-पत्र देने के बाद वे फिर भूखे-प्यासे कतार वालों में से गरज़मन्द लोगों के बदले कुछ देर तक खड़ा रहने का काम करने लगे।

मैंने विट्ठलराव से पूछा, 'सरकार की नयी शिक्षा-नीति के बारे में आपकी क्या राय है?' इस पर सिर से टोपी हटाकर, माथे का पसीना पोंछते हुए वे (हावभाव से ही) बोले, 'कतार वालों की कोई राय नहीं होती। उनकी कभी-कभी मूँछें होती हैं और होते हैं दो पाँव! उन्हीं पर ज़्यादह-से-ज़्यादह देर तक खड़ा रहना ही उनकी राय होती है। मेरी भी यही राय है।'

इतने में 'बदली' याने विट्ठलराव का मूल कतार वाला मूँछों पर लगी चाय पोंछते हुए अपनी जगह पर आ खड़ा हुआ।

एक भुक्तभोगी की सलाह

चाहे मूसलाधार वर्षा हो या तूफान, चाहे कोई दर्शक हो या न हो, पर हठयोगी श्री राव कल उनके मढ़ द्वीप के आश्रम में पानी पर चलने वाले हैं।

वास्तव में उनका यह संकल्प बरसों पुराना है और उसकी पूर्ति के लिए वे अथक प्रयास कर रहे थे। शायद एक-बरस से तो नहीं, फिर पिछले कुछ मास से उनके घोर प्रयासों से ब्योरेवार समाचार बम्बई के एक अंग्रेज़ी साप्ताहिक पत्र में प्रकाशित हो रहे थे। सफ़र के बहाने भूल से मढ़ द्वीप जाने वाले आश्रम के क्षेत्र में नीरव शान्ति का अनुभव करते थे, जैसे श्री राव किसी भयंकर साधना में व्यस्त हों। फोर्ट क्षेत्र में दोपहर के समय एक-दो बार सड़क से जाने वाले, दाढ़ी-मूँछ वाले उग्र मनुष्य की ओर इशारा करके मेरे साथ वाले पत्रकार मित्रों ने 'पानी पर चलने वाले प्रोफेसर राव' कहकर उसका परिचय दिया था। यह अध्यात्ममार्गी योगी अपने संकल्प की पूर्ति के लिए प्रयास करने के सिवा पेटपालुओं की भीड़ में क्यों कर आयेगा?

इस तरह लगातार पिछले कुछ मास से अजीब और दुःसाध्य संकल्प की सफलता के लिए हठयोगी के दृढ़ निश्चय से सर्वथा चेष्टा करने के बाद प्रोफेसर राव ने परसों पत्रकारों को अपने आश्रम में आमन्त्रित किया। पत्रकारों ने सोचा, पानी पर चलने की पूरी तैयारी कर चुकने वाले प्रोफेसर राव अत्यन्त तरल अवस्था में आत्मविश्वास युक्त मुस्कान से हमारा स्वागत करेंगे और कहेंगे, 'हे महानुभावो, इतवार के लिए तो मैं पूरी तरह तैयार हूँ, लेकिन मैंने सोचा है कि आज केवल आपके लिए नमूने के तौर पर दो-चार बार पानी पर चलकर दिखाऊँ।' लेकिन हुआ इसके विपरीत! पत्रकार वहाँ पहुँचे तो उन्होंने इस हठयोगी को बेचैन और क्रोधायमान पाया। वह हठयोगी बोला, 'मैं तो सोचता हूँ कि जल-सामधि ले लूँ।'

अरे, यह क्यों? भाई, पानी पर चलने की बातें करते-करते तुम पानी के नीचे जाने की स्थिति में कैसे आये? हठयोगी से यों हतभग्न प्रेमभंगी क्यों बन गये? प्रोफेसर राव केवल जल-समाधि की ही बात करके ही नहीं रुके, बल्कि उन्होंने

अपने गले में पत्थर बाँधकर जल-समाधि लेने की बात कही। उसे सुनकर पत्रकारों को आश्चर्य हुआ, क्योंकि उन्होंने सपने में भी नहीं सोचा था कि प्रोफेसर राव इस तरह की बात कहेंगे। वैसे भी यह मुश्किल ही था, फिर भी वहाँ पानी पर चलने की बात और कहाँ यह गले में पत्थर बाँध कर जल-समाधि लेने की बात। इस पर पत्रकारों ने इस उद्विग्नता और क्रोध का कारण पूछा।

उन्होंने विशेष रूप से अपने इस विक्रम के लिए धन जमा किया था और उससे पानी का एक बहुत बड़ा हौज़ बनवाया था। पत्रकारों के वहाँ पहुँचने से थोड़ी देर पहले ही उस हौज़ की एक दीवार टूट गयी थी। तीन दीवारों वाले हौज़ में पानी को बनाये रखना हठयोगी श्री राव के लिए भी सम्भव न था और नदारद पानी पर चलकर दिखाना एक चमत्कार सिद्ध न होता, क्योंकि वह ज़मीन पर चलना सिद्ध हो सकता था। इसलिए श्री राव क्रोधित थे और पत्रकारों के सामने पानी के नीचे की बातें कर रहे थे।

वे क्रुद्ध स्वर में ही बोले, 'चाहे कुछ भी हो, मेरा इतवार का कार्यक्रम पक्का है। मैं अब लोहे की बड़ी टंकी प्राप्त करने की कोशिश करूँगा। उस दिन बरसात की सम्भावना है। किसी और दुर्घटना की सम्भावना से भी कैसे इनकार किया जा सकता है? लेकिन अब कुछ भी हो—चाहे आसमान घहराकर टूट जाये और भारी बरसात हो या मेरा प्रयोग देखने के लिए चिड़िया तक न फटके, फिर भी मैं चलूँगा—ज़मीन पर नहीं, पानी पर!'

प्रोफेसर, तथास्तु! हम ऐसा कुछ नहीं कर सकेंगे; लेकिन आप चमत्कार करने जा रहे हैं, इसलिए आपको हमारी शुभकामनाएँ! हम तो बम्बई की भीड़ भरी सड़कों से भी ठीक से चल नहीं पाते। बरसात के पानी से रपटीले बने फुटपाथ पर चलते समय हमारा सन्तुलत खो जाता है। कार्यालय में सन्तप्त साहब के सामने केवल खड़े रहते समय भी हमारे पाँव अकड़ जाते हैं। हमारे मकान की सीढ़ियों पर, जिसके बीच वाले कुछ पायदान गायब हो चुके हैं, चलते समय रोज़ हमारी नाक में दम आ जाता है (और शायद आपकी भी नाक में दम आ जायेगा)। हमारे नलों में कभी भी इतना पानी नहीं आता कि उसमें हमारे पाँव डूब सकें, फिर उस पर चलने की बात ही कहाँ? हम ठहरे दो पाँव पर रेंगने वाले, कोई भी हठ या योग न करते हुए पेट और पानी के लिए जीने वाले लोग! हमें तो अपकी दाढ़ी-मूँछों से भी ईर्ष्या होती है। (हमें रोज़ सुबह नाहक तकलीफ़)। आपका प्रयोग सफल हो। उसे देखने जाने के लिए भी हमारे पास समय नहीं था; हमारे परिवार ने उस दिन कहीं जाने का कार्यक्रम पहले ही तय कर रखा है। हम भले ही न आ सकें पर आप अपना प्रयोग अवश्य करें।

और, एक बात बताऊँ? यदि सफलता नहीं मिली तो पत्थर-वत्थर मत खोजिए। ऐसी बातें कही अवश्य जायें पर उन पर कभी भी अमल न किया जाये। हम जैसे घर-गृहस्थी वालों से पूछिए, सफल न हो सकें तो स्थितप्रज्ञ व्यक्ति का मुखौटा ओढ़ लीजिए और जमा हुए लोगों से कहिए, 'पिछली रात 'क्रुशन सॉल्ट' लेना भूल गया, इसलिए ऐसा हुआ। कब से चिल्ला-चिल्लाकर कह रहा हूँ कि बोतल समाप्त हो गयी है, लेकिन किसी के कान पर जूँ तक नहीं रेंगती! खैर, अब मैं चला नहाने।'

और आप चले जाइये। बस, सारा क़िस्सा खत्म! हम अपने घर में ऐसा ही तो करते हैं।

जगहँसाई

अब मेरे सामने एक फ़ोटो है। उसमें एक बड़ी टंकी में कमर भर पानी में एक दढ़ियल व्यक्ति भीगे हुए कौए की तरह खड़ा है। उसकी सिकुड़ी हुई मुद्रा पर अत्यधिक वेदना और शरीर ज़रा-जर्जर दिखायी दे रहा है। उसके आसपास दर्शक खड़े हैं और सभी के मुख पर विषाद छाया हुआ है। उस बूढ़े की वह अवस्था देखकर किसी के भी मुख पर ज़रा भी मुस्कुराहट नहीं है। यह गम्भीर और पीड़ादायक फ़ोटो है प्रोफेसर राव के पानी पर चलने के प्रयोग की जगहँसाई की!

परसों मैंने इस चमत्कारपूर्ण प्रयोग के बारे में लिखते समय उसकी असफलता की सम्भावना की बात सोची थी, फिर भी मैं मन में यही प्रार्थना कर रहा था कि उनका प्रयोग सफल हो। आज मैंने इस उद्देश्य से समाचार-पत्र देखा कि शायद उसमें इस प्रयोग की सफलता का समाचार हो।

और प्रोफेसर राव की असफलता से लगा, जैसे मेरी ही हँसाई हो गयी है और उससे मुझे खेद और दुःख हुआ। वह अजीब फ़ोटो सामने धरकर मैं बैठा हुआ हूँ।

हठयोगियों की जमात के प्रति मेरे मन में विशेष प्रेम नहीं है। योग के प्रति मेरे मन में आदर तो है, पर निकटता नहीं है। मैं जानता हूँ कि प्रोफेसर राव कौन हैं और कहाँ के हैं। उनके प्रयोग पर मैंने कभी कोई शर्त नहीं बदी है। मैं उस प्रयोग का एक बिना टिकट वाला, घर बैठा दर्शक था। फिर भी मुझे दुःख है। अब मुझे लगता है कि मैं अनजाने में प्रोफेसर राव के प्रयोग से थोड़ा अधिक ही जुड़ गया था। सोचता हूँ, मुझ जैसे कितने ही होंगे। प्रोफेसर राव के इस अलौकिक प्रयोग की जगहँसाई होने पर भी उस पर हँसना असम्भव है।

क्यों?

क्योंकि हम अपनी ओर से रोज़ इसी प्रतीक्षा में होते हैं कि कुछ चमत्कार हो। हम में से हर कोई मन से चाहता है कि कुछ ऐसा हो जो असम्भव हो,

अकल्पित हो। हम किसी-न-किसी अद्भुत और अभूतपूर्व घटना की आशा में कुढ़ते रहते हैं, घुलते रहते हैं—यह जानकर भी चमत्कार नहीं होते, स्थापित में एक रात्रि में परिवर्तन नहीं [illegible]भी गतिविधियों का एक क्रम और संगति होती है, एक गति होती है जो बहुधा बहुत मन्द और धीमी होती है। जो है, वह फिलहाल तो पक्का है, ठोस है, अबाधित है, सन्देहातीत और निर्विवाद है। वही सत्य है और हम जो चाहते हैं, वह कल्पित है, सुरस और चमत्कारपूर्ण है, वह या तो केवल काव्य है या केवल परियों की कहानी है, वह केवल सपना ही है।

सुहाने सपने सच नहीं होते, भावुक काव्य सत्य सिद्ध नहीं होते, परियाँ वास्तव रूप में नहीं आतीं, कल्पना के रेतीले महल टिकाऊ नहीं होते। यह सब कुछ क्षणभंगुर और यथार्थ से बहुत-बहुत दूर है, असम्भव है। हाँ, है।

मानता हूँ, लेकिन इन सभी को हटाया जाये तो भला हमारे जीवन में क्या बचेगा? इन सभी के अभाव में जीने का मतलब होगा, किसी रूखी, धधकती मरुभूमि में निरन्तर पीड़ादायक घिसटन! इन सभी के अभाव में जीवन जीवित मरण के समान होगा। यह कल्पना भी दुःसह्य, भयंकर और अनपेक्षित है।

हमारे जीवन में सपने होने चाहिए और सपने देखने वाले ध्येयशील व्यक्ति भी होने चाहिए। हमें काव्य चाहिए और काव्य में जीने वाले प्रतिभावान दीवाने भी चाहिए। परियों की कथाएँ भले ही कभी वास्तव रूप धारण न करें, लेकिन उनका होना आवश्यक है—उनके कल्पनारम्य यथार्थ में विद्यमान मनमौजी राजकुमार के साथ और विरहदग्ध सिंड्रेला के साथ। हमें चमकदार, अद्भुत कल्पनाएँ चाहिए, उन पर शत-प्रतिशत भरोसा करके जीने वाले, दुनिया के तौर-तरीकों के अनजान, ज़िद्दी कल्पकों के साथ। हमें चमत्कार भी चाहिए, उन्हें करते हुए पराभूत, असफल होने वाले हठयोगी शक्ति के लम्बी दाढ़ी वाले, अकेले ही प्रयास करने वालों के साथ! यह सब कुछ हमें चाहिए उससे रमणीय, सुरस, सुन्दर, ऊँचे, काव्यात्मक, चमत्कारपूर्ण और रंगीन बनने वाले एकरस, धीमे, गद्य, रूखे, सपाट, नीरस, अस्वादिष्ट तथा अत्यन्त मामूली और पेटपोसू जीवन के साथ-साथ!

प्रोफेसर राव, यदि हम आपकी असफलता पर हँसे तो हम कृतघ्न होंगे। असम्भव को सम्भव बनाने की कड़ी ज़िद से शायद आप यह प्रयोग करने पर उतारू हो गये होंगे या सस्ते प्रचार और वित्त प्राप्ति के उद्देश्य से आप यह प्रयोग करने को तैयार हुए होंगे। कारण कुछ भी हो, हम आज आपकी असफलता पर दुखी हैं, बेचैन हैं और हमारे मन में आपके प्रति अपार सहानुभूति है।

हम अच्छी तरह जानते हैं कि आप जो करना चाहते हैं, वह कितना असम्भव है; फिर भी हम चाहते हैं—आपसे थोड़ा बढ़कर ही—कि वह सम्भव हो। हमारे पिछले कुछ दिन आपके कारण उत्कंठापूर्ण और थोड़ी-बहुत रंगतदार स्थिति में बीते। रोज़ की आपाधापी में, आपके स्मरण और आपकी चर्चा से एक अलग ही निरालापन और जीवन्तता का अनुभव होता था। आपके प्रयोग की सफलता की कल्पना से भी हम क्षण भर के लिए रोमांचित हो उठते थे।

हम कृतज्ञ हैं और व्यथित भी हैं।

थोड़ी बम्बई-प्रशस्ति

छोटे बच्चों की एक बड़ी शिशु-कल्याणकारी संस्था है। यह संस्था विशेषकर ऐसे बच्चों के कल्याण की ओर ध्यान देती है जिनको सँभालने वाला कोई नहीं है [illegible] जिनका पालन करना सँभालने वाले को सम्भव नहीं होता। बम्बई में इस संस्था का कार्यालय है। कुछ दिनों पहले एक विदेशी सज्जन उक्त कार्यालय में आये थे। उन्होंने संस्था को सूचित किया था कि वे एक भारतीय शिशु का लालन-पालन करना चाहते हैं।

वे मूलतः भारतीय थे—ठेठ मद्रास के, लेकिन विदेश में जा बसे थे। कई विदेशी परिवारों से भारतीय बच्चों के लिए पूछताछ की जाती है। ऐसे विदेशी शौकीन दम्पतियों के लिए उन बच्चों में से बच्चों का चयन किया जाता है जो अनाथ के रूप में विभिन्न संस्थाओं में पलते-बढ़ते हैं। कुछ लोग बच्चे को हमेशा के लिए ले जाते हैं, तो कुछ उसके वयस्क बनने तक ही पालन-पोषण की ज़िम्मेदारी ले लेते हैं, बाद में बच्चा चाहे तो अपने देश वापस आ सकता है। इस तरह के बच्चे को ले जाने के लिए सरकार की अनुमति आवश्यक होती है। ये सम्बन्धित सज्जन बच्चे को हमेशा के लिए ले जाना चाहते थे।

कार्यालय-व्यवस्थापिका ने उनका स्वागत किया। बच्चे के बारे में हर एक की अपनी-अपनी अपेक्षाएँ होती हैं। उन सज्जन ने भी अपनी अपेक्षाएँ पहले ही सूचित कर दी थीं।

उनकी अपेक्षाएँ औचित्य से कुछ अधिक ही थीं, लेकिन वे सज्जन अपनी हर शर्त के प्रति आग्रही थे। एक तो वे हिन्दू बच्चा चाहते थे; लेकिन माँ-बाप अनचाहे बच्चों को छोड़ जाते हैं, तो यह कैसे पता चल सकता है कि कोई बच्चा हिन्दू है या किसी अन्य धर्म का है। कोई नन्हा बच्चा सड़क के किनारे या कूड़ेदानी के पास पड़ा हुआ मिले, तो उसका धर्म कौन और कैसे निर्धारित कर सकता है? लेकिन वे सुशिक्षित सज्जन बच्चे के हिन्दुत्व की शर्त में ढील देने को बिल्कुल तैयार नहीं थे। इसके अलावा वे चाहते थे कि बच्चा खूबसूरत और

हट्टा-कट्टा हो। उनकी और भी पाँच-सात शर्तें थीं।

विदेश ले जाने के लिए ऐसा आदर्श और ऊपर से हिन्दू अनाथ बच्चा निश्चित रूप से मिलना मुश्किल था। व्यवस्थापिका ने उन्हें ये कठिनाइयाँ बतायीं और वे उन्हें यह जताने की कोशिश कर रही थीं कि उन्हें एक-दो शर्तों में ढील देनी होगी, लेकिन वे सज्जन टस से मस नहीं हो रहे थे। कार्यालय के अभिलेख में विद्यमान कुछ अनाथ बच्चे और अनाथ बच्चों का पालन-पोषण करने वाले कुछ गैर-हिन्दू स्थान, शर्तें पूरी न होने से, उन्होंने नामंजूर कर दिये थे। वे ऐसा ही बच्चा चाहते थे जो उनकी शर्तों की कसौटी पर खरा उतरता हो।

अनाथ बच्चे का ही प्रतिपालन करना हो, तो सामान्यतः कोई भी इस बात पर अधिक बल नहीं देता है कि वह कैसा और कहाँ का हो। अधिकांश लोग यह देखने पर कि बच्चा अच्छा है और हम से हिल-मिल सकता है, उसे बड़ी खुशी से ले लेते हैं। वे उसे घर ले जाकर उसका लालन-पालन करते हैं, उसका नये सिरे से नामकरण करते हैं, उसके साथ अपनी फ़ोटो खिंचवाकर भारत में भेज देते हैं। फ़ोटो में गोरे परिवार के बीच वह कोमल, श्याम वर्ण बच्चा ज़रा अलग, लेकिन सुन्दर दीखता है।

वे सज्जन अपनी बात पर अडिग थे। व्यवस्थापिका ने अलग-अलग तर्क दिये। अन्त में विवश होकर लेकिन मुस्काते मुख से उन्होंने कहा, 'देखिए महोदय, मैं नहीं समझती कि आपकी सभी अपेक्षाओं की पूर्ति करने वाला बच्चा आपको आसानी से मिल सकेगा।'

इस पर वे शान्ति से बोले, 'मैं आपकी बात से सहमत नहीं हूँ। मुझसे कई लोगों ने कहा है कि बम्बई में चाहे जितने और चाहे जैसे अनाथ बच्चे मिल सकते हैं। फिर मुझे अपनी मर्ज़ी के अनुसार बच्चा मिलने में क्या कठिनाई है?'

उन सज्जन को उनकी मर्ज़ी के मुताबिक बच्चा मिले या न मिले, उन्होंने बम्बई की जो प्रशंसा की, वह ध्यान देने लायक है। कई लोगों ने इस बम्बई नगर की प्रशंसा की होगी, लेकिन इस प्रशंसा का कोई मुक़ाबला नहीं है। वाह! बम्बई में अनाथ बच्चों की कोई कमी नहीं है, चाहे जितने अनाथ बच्चे इस नगर में मिलेंगे–आपकी पसन्द के अनुसार! आप चाहें तो हिन्दू, चाहें तो मुसलमान, गोरे चाहें तो गोरे, काले चाहें तो काले सभी प्रकार के हैं। घुटनों के बल रेंगने वाले भी मिलेंगे, हट्टे-कट्टे चाहें तो वे भी मिलेंगे। आप सिर्फ़ अपनी पसन्द बताइये और उसके अनुसार बच्चा ले जाइये।

उन सज्जन के विदेशी मित्रों ने बम्बई के बारे में उनकी जो धारणा बनायी है, वह अतिशयोक्तिपूर्ण होगी, लेकिन यह ऐसी धारणा क्यों हुई?

अब तक हमने बम्बई की विश्व भर में ख्याति सुनी थी कि यह उद्योग-व्यवसायों का बड़ा केन्द्र है, यह एक बड़ा बाज़ार है, यह अत्याधुनिक और बड़ी बन्दरगाह है, यह भिन्न-भिन्न वंशों और जातियों के लोगों का निवास-स्थान है, यह सुन्दर और अतिभव्य नगर है, लेकिन यह अनाथ बच्चों का भी बड़ा भण्डार है, यह ख्याति बिल्कुल नयी है।

मेरा मन विषादों से भर गया है। मेरे लिए यह नयी जानकारी है!

विस्मय

परसों शुक्रवार की शाम की बात है। मैं शींव या सायन से बस से बोरीबन्दर जा रहा था। दादर टी.टी. स्टॉप पर एक छोटी कद काठी वाले वृद्ध पारसी सज्जन मेरे पास वाली सीट पर आ बैठे। थोड़ी देर बाद बड़ी विनम्रता से वे मुझसे बोले, 'बेटा अगर मुझे खिड़की के पास वाली सीट मिल जाये तो बड़ी सुविधा होगी। तुम्हें कोई उज्र तो नहीं होगा?' उनकी उम्र और विनम्रता से विवश होकर मैं अपनी सीट से उठा तो वे मेरी सीट पर और मैं उनकी बगल वाली सीट पर बैठ गया। अब उन्होंने अपनी कोट की जेब से एक 'पॉकेट बुक' निकाली और वे उसे पढ़ने लगे।

आप पूछेंगे, इसमें विस्मय करने जैसी क्या बात है? लेकिन ज़रा ठहरिये और देखिये कि आगे क्या होता है।

वे पढ़ने लगे और मैं अपने ही विचारों में खो गया। कुछ देर बाद मुझे आभास हुआ कि उन्होंने पुस्तक का एक पन्ना फाड़कर बस की खिड़की से बाहर छोड़ दिया है। अपने ही विचारों में मगन मैंने सोचा, यह आभास ही होगा; लेकिन थोड़ी ही देर बाद उन्होंने बिल्कुल मेरी आँखों के सामने दूसरा पन्ना पढ़कर फाड़ दिया और बड़ी शान्ति से बस से बाहर फेंक दिया।

यह बात थोड़ी विस्मयजनक थी। अब मैं ध्यान से देखने लगा। थोड़ी देर बाद तीसरा पन्ना पढ़ने के बाद वह भी उन महानुभाव ने टर्र से फाड़कर धीरे से बस की खिड़की से छोड़ दिया और शान्ति से अगला चौथा पन्ना पढ़ने लगे। फिर चौथा पन्ना भी तीसरे की तरह हवा में लहराता चला गया, पाँचवाँ भी गया, छठा भी गया। मैं चकराकर देखता रह गया। यह क्या बात है? ये सज्जन पढ़ते ही पुस्तक के पन्ने क्यों फाड़ देते हैं?

शुरू में मुझे लगा कि वे पागल होंगे, लेकिन उनकी एकाग्र मुद्रा से यह सम्भावना नज़र नहीं आती थी। पागल पारसी इतने शान्त नहीं होते। फिर लगा कि वे लोगों का ध्यान अपनी ओर खींचने के लिए ऐसी अजीब हरकतें करते होंगे,

लेकिन लोगों की परवाह न करते हुए, कोई भी ऐसा झक्की बर्ताव नहीं करता।

मुझसे रहा नहीं गया, इसलिए अन्त में मैंने उनसे कहा, 'मैं आपसे कुछ पूछना चाहता हूँ।'

और, एक और पन्ना फाड़कर वे बोले, 'बेटा, ज़रूर पूछो। कहीं तुम यह तो पूछना नहीं चाहते कि मैं इस तरह पुस्तक क्यों फाड़ता हूँ? कई लोग मुझसे यही सवाल पूछते हैं। यह सवाल पूछने वाले दुनिया और दोस्तों का कम अनुभव रखते हैं। सच्चा अनुभवी मनुष्य वैसा ही करेगा, जैसा मैं करता हूँ।'

फिर उन्होंने इस प्रकार स्पष्टीकरण दिया। उन्हें पढ़ने का बड़ा शौक है। इसलिए वे लगभग हर पुस्तक खरीदते हैं। वे दूसरे की पुस्तक कभी नहीं माँगते। वे पहले से मानते आये हैं कि पुस्तक और पत्नी अपनी ही होनी चाहिए। लेकिन दुनिया की रीति अलग है। लोग अधिकतर दूसरों से पुस्तकें माँगकर ही पढ़ते हैं। उनके हाथ में नयी पुस्तक देखते ही, कोई न कोई, उनके न चाहने पर भी यह कहकर पुस्तक ले लेता है कि 'कल सुबह लौटाऊँगा', 'दो दिन में वापस करूँगा' और वह पुस्तक वापस नहीं आती थी यदि वापस मिल भी जाती तो पन्द्रह दिन या महीने-दो महीने के बाद और वह भी कटी-फटी हालत में। न केवल उनकी पढ़ी हुई बल्कि नयी-नयी खरीदी हुई पुस्तकें भी इस प्रकार प्रेम से छीन ली जाती रहीं। कभी-कभी आधी-अधूरी पढ़ी हुई पुस्तक से उन्हें वंचित हो जाना पड़ता और शेष पुस्तक से उन्हें हाथ धोना पड़ता था। उन्हें लगने लगा कि मैं मित्रों के लिए ही पुस्तकें खरीदता हूँ लेकिन यह उनके सिद्धान्त के विपरीत था।

इसलिए तंग आकर एक दिन उन्होंने यह अजीब लगने वाली हरकत शुरू कर दी। पुस्तक खरीदने पर वे तुरन्त उसका एक अध्याय पढ़कर फाड़ देते हैं। मुझे विस्मय से चकित होते देख, ऐनक से निहारते हुए वे बोले, 'बेटा, यही एकमात्र उपाय है। कोई पुस्तक माँगता है तो मैं उसे बेखटके दिखाता हूँ। कोई भी ऐसी पुस्तक हाथ में लेना नहीं चाहता, जिसके कुछ पृष्ठ नदारद हों। इससे मैं निश्चय ही पूरी पुस्तक पढ़ पाता हूँ और दूसरे के माँगने पर या दूसरे को देने के लिए मेरे पास पुस्तक ही नहीं बचती। इस तरह से मैं मनःताप से बच जाता हूँ और मेरी मनःशान्ति बनी रहती है जो महत्त्वपूर्ण होती है।'

'लेकिन इससे अच्छी पुस्तकें नष्ट हो जाती हैं, उसका क्या?' मैंने थोड़ी नाराज़गी से पूछा और कहा, 'रुपये के अवमूल्यन के बाद तो अंग्रेज़ी पुस्तकों के दाम दुगुने हो गये हैं।'

वे ऐनक से तरेरती-सी लगने वाली सुर्ख और सूनी आँखों से फिर से मुझे निहारते हुए बोले, 'बेटा, अभी तुमने दुनिया देखी ही कहाँ है! इस दुनिया में केवल

पुस्तकें ही नहीं, कई और अच्छी-अच्छी चीज़ें हमारी आँखों के सामने नष्ट हो जाती हैं। बेटा, तुम नहीं जानते, नहीं जानते तुम! ज़िन्दा मनुष्य नष्ट हो जाते हैं, प्रेम नष्ट हो जाता है, अपनापन नष्ट हो जाता है, घर नष्ट हो जाता है, सबकुछ नष्ट हो जाता है। इसलिए ध्यान में रखो, सदा याद रखो कि पुस्तक और पत्नी अपनी ही होनी चाहिए—सिर्फ़ अपनी।'

उन्होंने मेरा कन्धा थपथपाया और एक लम्बी उसाँस छोड़ते हुए वे फिर पुस्तक के पन्ने फाड़ते हुए बस की खिड़की से बाहर छोड़ने लगे।

अब बताइये, यह विस्मय की बात है कि नहीं?

बस कीजिए यह मज़ाक़

अरे भाई, अब बस भी कीजिए, बन्द कर दीजिए। बहुत हो गया मज़ाक़। कहीं यह मज़ाक़ अनबन न बन जाये। मज़ाक़ की भी एक हद होती है।

मैं अपने मौसम विज्ञान विभाग के बारे में बात कर रहा हूँ।

किसी मनुष्य को न सही, किसी विभाग को ही क्यों न हो, इस तरह ताने देना या कोसना कहाँ तक ठीक है? कहीं विभाग बिगड़ उठे तो? चाहे बिगड़े न भी, लेकिन दुखी तो ज़रूर होगा।

बात यह हुई कि इस विभाग के बारे में दैनिक 'टाइम्स ऑफ इण्डिया' ने लच्छेदार अंग्रेज़ी में एक सम्पादकीय लिखा। शीर्षक था—'अनपाप्युलर ट्राइब' यानी अप्रिय जमात! उसमें सीधे-सीधे कहा गया है कि बीच वाले सूखे के दिनों में इस मौसम विज्ञान विभाग द्वारा निर्दिष्ट अनुमान कम-से-कम सामान्य जनों की दृष्टि से तो यथार्थ से मेल खाने वाले नहीं थे।

यह कथन इस विभाग के 'रेकॉर्ड' की प्रकट रूप से छीछालेदर करने वाला था। फिर यह आरोप गम्भीर भी था। हँसी-मज़ाक़ और चुटकलों में शायद यह बात खप जाये। हँसी भले ही न आये, दिल्लगी समझकर उसे छोड़ भी दिया जा सकता है, लेकिन कोई सीधे-सीधे अयोग्यता या निकम्मेपन का नाहक ठप्पा लगाये, तो उसे कौन बरदाश्त करेगा? आप बरदाश्त कर सकेंगे? समझिये कि आप ही मौसम विज्ञान-विभाग हैं। ऐसे आरोप से आपका तापमान समशीतोष्ण रहेगा या गरम होने लगेगा? समझिये कि रोज़ सुबह कार्यालय जाकर गर्दन अकड़ने तक आसमान पर नज़र रखें, हवा में गुब्बारे छोड़ें और इतना सारा झंझट उठाकर लोगों के भले के लिए बतायें कि बरसात होगी या नहीं, और होगी तो कितनी होगी, तो तुरन्त उलटा आरोप लगाया जाता है कि आपके अनुमान यथार्थ से मेल नहीं खाते।

बाद की यथार्थ स्थिति पर क्या मौसम विज्ञान विभाग का बस चलता है? यदि यथार्थ से अनुमान मेल नहीं खाते तो यथार्थ स्थिति से ही पूछिये कि वह

इस तरह दगा क्यों देती है। उसमें मौसम विज्ञान विभाग का क्या दोष? क्या वह लम्बी तानकर सो जाता है या चाय पीते हुए जम्हाई लेता बैठता है? उसका काम तो बड़ा दुरूह है।

लेकिन किये गये काम की कद्र ही नहीं की जाती, बिल्कुल नहीं की जाती।

फिर आरोप भी तो सच होता! याद कीजिए, एक जुलाई से पन्द्रह जुलाई तक की महत्त्वपूर्ण अवधि में बम्बई और उसके आसपास के क्षेत्र में मौसम विज्ञान विभाग ने रोज़ क्या-क्या अनुमान घोषित किये थे–कहीं-कहीं छिटपुट वर्षा–'फ्यू लाइट शावर्स हियर एण्ड देयर', पर वास्तव में क्या हुआ उन दिनों में? यह बात अलग है कि उन दिनों में धूप रही और पानी के अभाव में हमारे मुख-कमल सूख गये, लेकिन बरसात कितनी हुई? कहीं-कहीं छिटपुट वर्षा! फिर अनुमान सही था या गलत? नोट कीजिए।

उन्हीं दिनों आठ जुलाई के समाचार-पत्रों में मौसम विज्ञान विभाग ने जनता की घोर चिन्ता दूर करके उसे दिलासा देने के उद्देश्य से एक विशेष 'बुलेटिन' प्रकाशित किया। उसमें सूचित किया गया था कि बरसात न होने से जनता को निराश होने का कोई कारण नहीं है। वर्तमान कमी की शेष वर्षा के दिनों में पूर्ति हो जायेगी। अब आप ही बताइये, उस गहरी निराशा के चमकदार सफेद दिनों में ऐसा धीरज बँधाने और दिलासा देने वाला सुन्दर भविष्य और क्या हो सकता है? अब यह बात छोड़ दीजिए कि इससे हम आप जैसे लोग और चिन्तित हो गये कि मौसम विज्ञान विभाग की इस बात का मतलब है, इस बार ज़रूर ही अकाल पड़ जायेगा; लेकिन वास्तव में क्या हुआ? खिड़की से बाहर झाँकिये–हो रही है बरसात? समाचार-पत्र पढ़िये। सारे जलाशय पूरे भर गये हैं न? बच्चे बरसात में भीगकर बीमार पड़ रहे हैं? फिर भविष्यवाणी सही है या गलत? नोट कीजिए, सिर्फ़ 'हाँ' मत कहिए। आखिर एक विभाग की प्रतिष्ठा का प्रश्न है, मामूली बात नहीं है।

तेरह जुलाई को इस विभाग ने घोषणा कर दी कि बम्बई में बरसात बढ़ेगी। वह बढ़ी, लेकिन उस समय कम-से-कम अगले अड़तालीस घण्टों में तो ज़ोरदार बरसात की भविष्यवाणी नहीं की गयी थी। वह नहीं हुई। चौदह जुलाई को ज़ोरदार बरसात का हवाला दिया गया और सोलह जुलाई तक ऐसी ज़ोरदार बरसात हुई कि चौबीस घण्टों में सभी बम्बई वासियों की सारी चिन्ता दूर हो गयी और उसका अनुमान इस विभाग ने समय पर पहले ही किया था। आप चाहें तो समाचार-पत्र निकालकर देख लीजिए। किसी की निन्दा करने और उस पर हँसने का क्या मतलब?

'टाइम्स ऑफ इण्डिया' के सम्पादकीय से दुखी होकर इस विभाग ने जो स्पष्टीकरण दिया है, उसी में यह सारा विवरण दिया गया है। लेकिन यह स्पष्टीकरण छापकर 'टाइम्स' ने क्या अपनी भूल पर पछतावा प्रकट किया है? बिल्कुल नहीं!

सचमुच आजकल कृतज्ञता बड़ी दुर्लभ हो गयी है। लोग गुणों को नहीं देखते, दोषों को छिद्रान्वेषण कर मज़ाक़ उड़ाते रहते हैं। लोग यह नहीं देखते कि भविष्य–फिर चाहे वह मनुष्य का हो या मानसून का–कथन करना कितना कठिन कार्य है, लेकिन वह गलत सिद्ध होने पर राक्षसी आनन्द से तालियाँ पीटते हैं।

यह वृत्ति बहुत बुरी है। इससे कुछ अच्छा-भला करने वालों की हिम्मत टूट जाती है, उनका अपमान होता है, वे हतोत्साहित हो जाते हैं।

ऐसा नहीं होना चाहिए। आज से मौसम विज्ञान विभाग का मज़ाक़ बन्द! हम चाहें तो किसी दूसरे सरकारी विभाग का मज़ाक़ उड़ायें और चाहें तो इसके लिए हमारे कवि और अति विशाल महिलाएँ तो हैं ही, लेकिन अब आगे मौसम विज्ञान विभाग पर क्योंकि व्यंग्य या छींटाकशी नहीं की जायेगी। ख़ैर! चलिए, अब बाहर जाना है। आज की भविष्यवाणी क्या है? ज़ोरदार बरसात! इसका मतलब है कि छाते की ज़रूरत नहीं है।

दवा नहीं लेंगे

आज कौन-सा महीना है? दिन कौन-सा है? आपने आज शाम को किसी से मिलने का वादा किया है? कल दोपहर ठीक सवा तीन बजे तीन बजकर दस मिनट पर नहीं या तीन बजकर सत्रह मिनट पर भी नहीं। आप निश्चित रूप से क्या कर रहे थे? परसों रात आपने सपना देखा था या नहीं? यदि 'हाँ' तो वह क्या था? (मनगढ़न्त बात मत कहिये।) आज के दिन आपके कितने दाँत हैं? अपने विवाह की तिथि और वार बताइये। आपकी पत्नी की बरस-गाँठ कब हुई? आपका विवाह हुए कितने वर्ष, कितने महीने और कितने दिन हुए?

माफ कीजिए, यह आपकी निजी बातों में हस्तक्षेप नहीं है, यह तो केवल आपकी स्मरण-शक्ति की जाँच है। प्रत्येक प्रश्न के उत्तर के लिए समय है एक सेकिण्ड। यदि उत्तर अचूक हो, तो हर अचूक उत्तर के लिए एक अंक। यदि पाँच से अधिक अंक मिल जायें, तो आपकी स्मरणशक्ति असाधारण है; पाँच अंक मिल जायें तो आपकी स्मरणशक्ति ठीक है; उससे एक-एक कम अंक मिलने का मतलब है, आप उतना बूढ़े या विद्वान बन रहे हैं।

यह मापदण्ड मेरा नहीं है। बम्बई में घुमन्तु दूकानें होती हैं जो फुटपाथ पर पुस्तकें फैलाकर बेचती हैं। उनमें से एक दूकान से प्राप्त स्मरणशक्ति-सम्बन्धी एक अंग्रेज़ी पुस्तक से मैंने जाँच के उपर्युक्त मापदण्ड लिख लिए हैं। मैंने खड़े-खड़े स्वयं अपनी जाँच की तो उसमें मुझे तीन अंक मिले वैसे खड़े-खड़े तीन अंक मिलना बुरा नहीं है, लेकिन जाँच के नियमानुसार मैं अनुत्तीर्ण हो गया हूँ और मैं बूढ़ा या विद्वान बन रहा हूँ।

वास्तव में, आज सुबह घर से चलते समय मटन का मसाला लाने को कहा गया था या लाल मिर्च का मसाला, इस दोहरे स्मरण की गम्भीर समस्या के सामने किस घर-गृहस्थी वाले आदमी को आज के दिन अपने दाँतों की सही संख्या याद होगी? आज शाम को किये गये वादे के अनुसार छोटे साले की नौकरी के सम्बन्ध में चचेरे चाचा के ओहदेदार साढ़ू से मिल न सकने से घर में

जो कोलाहल मचेगा, उसके विप्लवकारी स्मरण के बीच यह कैसे याद रहेगा कि आज शाम को किसी से मिलने का वादा किया है? और वह भी एक सेकिण्ड में? इसी तरह विवाह की तिथि बताना और यह कहना कि विवाह को कितने वर्ष, कितने महीने और कितने दिन हो चुके हैं, ये दो प्रश्न असल में एक ही प्रश्न होने से पहले का उत्तर गलत होने पर स्पष्ट ही है कि दूसरे का उत्तर भी गलत हो जायेगा। और पहले का उत्तर निश्चय ही गलत होगा क्योंकि हर घर-गृहस्थी वाला मनुष्य जानता है कि सामान्यतः विवाह के दस वर्षों बाद का एक-एक वर्ष एक लम्बे युग के समान होता है। पत्नी की वर्ष गाँठ भी स्मरण को उलझन में डालने वाला विषय होता है। इस दिन नयी साड़ी लेनी पड़ती है और उसके बारे में पहले और बाद में बार-बार स्मरण दिलाये जाने से किसी का दिमाग़ कुन्द हो जाना क्या स्वाभाविक नहीं है? लेकिन मुझे यह अच्छी तरह याद है कि कल दोपहर ठीक सवा तीन बजे मैं क्या कर रहा था, पर कोई सीधा प्रश्न करे तो कुछ बातें स्वीकार करते हुए झिझक होती है। इसी में एक सेकिण्ड बीत गया। (उस समय मैं बयासी नम्बर की तेज़ बस में, डण्डी पकड़कर ज्यों-त्यों कर अपना सन्तुलन बनाये रखते हुए बस-कण्डक्टर की कड़वी बातें सुन रहा था।)

मतलब यह कि सर्वथा प्रतिकूल परिस्थिति में मेरे तीन अंक भी कम नहीं थे, लेकिन जाँच के नियमानुसार मैं अनुत्तीर्ण हो गया। सोचा, क्या करें। महाराष्ट्री मनुष्य अन्य क्षेत्रों में तो पिछड़ ही रहे हैं, तिस पर मामूली स्मरणशक्ति की जाँच में भी हमारा यह हाल है।

मैंने अपने एक ठाकुरद्वार-निवासी मित्र विट्ठलराव तिनईकर के सामने इसका उद्वेग हावभाव की भाषा में व्यक्त किया (जैसे मुँह टेढ़ा करना, माथा पीटना आदि-आदि।) इस पर उन्होंने कोई बात न कर (क्योंकि वे गूँगे और बहरे हैं) दो दिन पहले का एक समाचार-पत्र निकाला और उसके किसी एक कोने में छपी ख़बर मुझे पढ़ने को दी। उसमें लिखा था कि न्यूयार्क के किसी अस्पताल के वैज्ञानिकों ने स्मरणशक्ति में क्रान्तिकारी बढ़ोतरी करने वाली 'मैग्नेशियम पेमोलिम' नामक एक दवा खोज निकाली है। यह भी लिखा हुआ था कि एक रोगी, जो यह नहीं जानता था कि वह उस वक़्त कहाँ था, उक्त दवा पीने पर, धारावाहिक रूप से, कई वर्षों से परिचित लोगों के बारे में बताने लगा कि कौन-कौन, कहाँ-कहाँ, क्या-क्या कर रहा है। यह बताते समय वह रुकने के लिए बिल्कुल तैयार नहीं था।

विट्ठलराव विजयी मुद्रा में देखते हुए मेरी बगल में खड़े थे, जैसे उस ख़बर की ओर और मेरी ओर देखकर मुझे दिलासा दे रहे थे कि 'इस दवा से आपकी भी स्मरणशक्ति सुधर जायेगी।'

लेकिन सच कहता हूँ, उस ख़बर से तो मेरा उद्वेग और बढ़ गया। क्या इन वैज्ञानिकों को घर-गृहस्थी, उसके दैनिक झंझट, आर्थिक स्थिति, पंसारी-परचूनी, दूध वाले, डाँटने वाले बस कण्डक्टर और वरिष्ठ अधिकारी हमेशा दूसरों के पैसों से खाने-पीने वाले, सिगरेट फूँकने वाले और फ़िल्में देखने वाले दोस्त, काम करने वाले और काम के अवसर पर लापता होने वाले सगे-सम्बन्धी, उपद्रवकारी पड़ोसी, सदैव छुट्टी और अग्रिम माँगने वाले घरेलू नौकर—इनमें से किसी से पाला नहीं पड़ता? उन्होंने हम जैसे घर-गृहस्थी वाले लोगों के जीवन की शान्ति और एकान्त को, अलग-अलग प्रकार की ध्वनियों की खोज करके नष्ट कर दिया है, यन्त्रों को मनुष्यों जैसे काम करने योग्य बनाकर पेटपोसू लोगों को बेकार बनाने की नौबत ला दी है, एक-से-एक तेज़ चलने वाले वाहनों की खोज कर हमारा बेरोकटोक चलने और प्राकृतिक मरण मरने का सुख छीन लिया है, कृत्रिम उपग्रहों की सहायता से चाँद तारों के बारे में हमारे जीवन की जिज्ञासा और काव्य सदा के लिए समाप्त कर दिये हैं, यान्त्रिक उपकरणों से सुस्वादु भोजन की मौज नष्ट कर दी है, चिकित्सा की खोजों से कठिन नामों वाले रोगों की सूची बढ़ाकर कम खर्च में बेखटके जीने की सुविधा नष्ट कर दी है, मानकशास्त्रीय आविष्कारों से मनःस्वास्थ्य नष्ट कर दिया है और अब सब कुछ भूलकर घड़ी-दो घड़ी हम सुख से जी रहे हैं, उस पर भी संकट छा रहा है। इससे हमारा विस्मरण का सुख भी नष्ट हो जायेगा।

यह ठीक नहीं है। हम भले ही जाँच में अनुत्तीर्ण हो जायें लेकिन यह भयंकर दवा भी नहीं लेंगे—स्मरणशक्ति पुनर्जीवित करने वाली दवा!

विघ्नसन्तोषी

समझिए कि हम आत्महत्या करने वाले हैं, यानि हमारा घोर प्रेमभंग हुआ है। (गुज़र गये वे दिन जब कई बार घोर प्रेमभंग हुए, लेकिन आत्महत्या का विचार छू तक नहीं गया, हर बार हमने नये सिरे से प्रेम किया) या एक ही रात में हमारी लाखों रुपयों की सम्पत्ति का दिवाला पिट गया है। (अहाहा! कम-से-कम दिवाला पिटने के लिए ही क्यों न हो, कोई हमें कभी लाखों रुपये देगा?) और बड़े बेआबरू होकर जीने के बदले हमने मृत्यु को वरण करने का फैसला किया है। हम अपना काला मुँह दुनिया को दिखाना नहीं चाहते, हम कल का प्रभात भी देखना नहीं चाहते। ऐसे समय ऐसा कौन-सा व्यक्ति होगा जिससे हम मिलना नहीं चाहेंगे?

कोई उल्लसित वृत्ति वाला, विनोद प्रचुर मीठी वाणी वाला, चमकती निष्पाप आँखों वाला और प्रसन्नता से हँस सकने वाला प्रत्युत्पन्न मति आनन्दी मनुष्य!

क्योंकि उसके मिलने पर हमारा आत्महत्या का संकल्प ही डगमगा जायेगा, हम अपनी सारी विफलता भूल जायेंगे। मृत्यु की दिशा में अग्रसर होने वाला हमारा मन फिर एक बार विपरीत दिशा में मुड़कर जीवन के प्रति आकर्षित होगा। हम आत्महत्या नहीं करेंगे, हम फिर से जीना चाहेंगे शायद नये उत्साह से फिर से दाँव लगायेंगे और दैव से कहेंगे, 'चलो, फिर एक बार आजमाएँ! डालो अपने पासे।'

आत्महत्या करना चाहने वालों के मार्ग में शौक से आने वाला एक अवसान-घातकी, विघ्नसन्तोषी, प्रसन्नमुख, प्रगल्भ और जीवन से स्वयं निरतिशय प्रेम करने वाला, हँसमुख व्यक्ति हाल ही में बम्बई आया था। उसका नाम है डॉक्टर क्लाउस थामस। आयु के पचास वर्ष पार करने पर भी वृत्ति से कोमल, शरीर से युवा और मन से अति आशावादी है यह व्यक्ति। उसका व्यक्तित्व इस कदर प्रभावपूर्ण है कि उसे देखते ही हम जीवन के मोह में पड़ जाते हैं।

हम कुछ भी कहें, लेकिन एक बात सच है कि ये गोरे लोग मूलतः जीवन से बहुत प्रेम करते हैं। ये लोग दुखी मुद्राएँ, टेढ़े मुँह, चढ़ी हुई त्यौरियाँ बनाकर

बुदबुदाते और पिनपिनाते हुए जीते हुए कभी नज़र नहीं आते। इन्हें जीवन के किसी-न-किसी पहलू में दिलचस्पी होती ही है। उस सम्बोधित क्षेत्र में वे अपनी आयु, सामाजिक और आर्थिक स्तर, ओहदा इत्यादि अन्य झंझटों को भूलकर मुक्त रूप से विचरते हुए नज़र आते हैं। उनमें से कई लोग कोई खेल, कोई शौक, कोई सामाजिक कार्य या कोई अन्य गतिविधि पहले से ही अपना चुके होते हैं और वे उसी में डूबे हुए और व्यस्त होते हैं।

डॉ. थामस भी अपने आप में डूबे हुए और व्यस्त व्यक्ति हैं। उनका खेल, शौक और काम तीनों मिलकर एक ही हैं—मनुष्यों को आत्महत्या से रोकना, उन्हें फिर से जीवनोन्मुख करना। केवल इस कार्य के लिए ही उन्होंने पश्चिम बर्लिन में एक आत्महत्या-निवारण केन्द्र स्थापित किया है और आज वे उसके सूत्रचालक हैं। कई लोग उनके मार्गदर्शन में यही काम कर रहे हैं। कहा जाता है कि इस केन्द्र ने अब तक लगभग ढाई हज़ार लोगों को आत्महत्या करने से रोका है। एक जीव को बचाना भी महान पुण्य कार्य है और इस संस्था ने तो ढाई हज़ार प्राण बचाये हैं। यह संस्था आज भी इस कार्य में उत्साह से जुटी हुई है।

यदि कोई हमसे कहे कि मैं प्राण देता हूँ, तो हम क्या करेंगे? बस, उस बेवकूफ को समझा-बुझायेंगे। उससे काम नहीं बना तो दो-चार गालियाँ देकर उसकी भर्त्सना करेंगे और इसके बावजूद वह मरने की बात करे तो हम कहेंगे—जाओ, मरो, और फिर अपने काम में लग जायेंगे। लेकिन डॉ. थामस कहते हैं, केवल इतने से ही काम नहीं होता। मरने पर उतारू हुए मनुष्य को खींचकर वापस लाने के लिए अपार धैर्य, समझदारी और सहनशीलता आवश्यक होती है। ज़रा-सा भी बिगड़ने, थकने या चिढ़ने से काम नहीं चलता, क्योंकि इन सभी बातों का ठेका प्राण देने वाले मनुष्य के पास होता है। हमें तो इन भावों से मुक्त रहना पड़ता है।

एक उदाहरण ही ले लें। आत्यन्तिक विफलता से पीड़ित कोई अपरिचित महिला आधी रात के समय डॉ. थामस को फ़ोन करती है। आधी नींद से उठ जाने को विवश होने पर भी डॉक्टर तत्परता से फ़ोन उठाते हैं और शान्ति से पूछते हैं, 'हैलो, आप कौन हैं?' वह महिला बुझे-से स्वर में कहती है, 'मुझसे मेरा नाम न पूछिए। मैं अपना नाम नहीं बताऊँगी, जान जाने पर भी मैं आपको अपने बारे में कुछ भी नहीं बताऊँगी—मैं अब मरने वाली हूँ। डॉक्टर, मैं जीना नहीं चाहती, मैं इन सारे झंझटों से ऊब गयी हूँ।' डॉक्टर थामस अपने स्वर में ज़रा भी आश्चर्य का भाव न लाकर स्वाभाविक रूप से पूछते हैं, 'आप किस तरह प्राण देना चाहती हैं?' वह कहती है, 'आप कौन होते हैं मुझसे पूछने वाले?' फिर भी डॉक्टर शान्ति से लेकिन मिलनसार शैली में कहते हैं, 'कोई बात नहीं मिसेज़

स्मिथ!' तभी वह महिला गुस्से से उबल पड़ती है, 'मेरा नाम मिसेज़ स्मिथ नहीं है। मैं मिस अमुक-अमुक हूँ।' और यह जानकर वह गड़बड़ा जाती है कि उसने अपना सही नाम बताया है। और, डॉक्टर थामस उसे बातों में व्यस्त रखने के आत्मविश्वास से मिलनसार शैली में बड़ै धैर्य से बोलते रहते हैं—बड़े तड़के तक। इस बीच वह महिला दो-तीन बार फ़ोन रख देती है, लेकिन मृत्यु को अपनाने के बदले वह फिर से डॉक्टर को फ़ोन करती है और बोलती रहती है। प्रभात के समय वह फ़ोन पर बताती है कि उसने फिलहाल प्राण देने का फ़ैसला रद्द कर दिया है। फिलहाल यानी हमेशा के लिए क्योंकि प्राण दे देना कोई यात्रा नहीं है जिसका कार्यक्रम बार-बार बनाया जाये और स्थगित कर दिया जाये।

एक जीव बच जाता है। इससे डॉक्टर थामस अपने रात-भर के जागरण को सार्थक समझते हैं। उनकी जगह हम आप होते, तो क्या करते? आधा-एक घण्टा समझाने के बाद हम उस महिला से सीधे-सीधे कहते, 'देवी जी, आप मरना चाहती हैं, तो ज़रूर मरिए, लेकिन मरते-मरते हमारी नींद क्यों ख़राब कर रही हैं? अब मरने के बाद ही फ़ोन कीजिए' और फिर हम बिस्तर पर लेटकर गाढ़ी नींद सो जाते।

जीवन और मनुष्यों से अपार प्रेम करने वाले डॉक्टर थामस और उनकी जमात के लोग सपने में भी ऐसा नहीं करेंगे।

इसीलिए तो वे लोग बड़े पूज्य हैं।

□□